上海市果树全产业链生产技术

葡萄

组编
上海市农业农村委员会

主编
奚晓军　蒋爱丽

上海科学技术出版社

图书在版编目（CIP）数据

上海市果树全产业链生产技术. 葡萄 / 上海市农业农村委员会组编；奚晓军，蒋爱丽主编. -- 上海：上海科学技术出版社，2023.4
 ISBN 978-7-5478-6128-8

Ⅰ.①上… Ⅱ.①上… ②奚… ③蒋… Ⅲ.①葡萄－种植业－产业发展－研究－上海 Ⅳ.①F326.13

中国国家版本馆CIP数据核字(2023)第050292号

上海市果树全产业链生产技术：葡萄

上海市农业农村委员会　组编
奚晓军　蒋爱丽　主编

上海世纪出版(集团)有限公司　出版、发行
上海科学技术出版社
(上海市闵行区号景路159弄A座9F-10F)
邮政编码201101　www.sstp.cn
常熟高专印刷有限公司印刷
开本 787×1092 1/16 印张 8.5
字数 200千字
2023年4月第1版 2023年4月第1次印刷
ISBN 978-7-5478-6128-8/S·255
定价：58.00元

本书如有缺页、错装或坏损等严重质量问题，请向印刷厂联系调换

丛书编委会

主 任
—— 方 芳

副主任
—— 李建颖　朱 敏　彭 友

委 员
—— 孙 海　叶正文　朱建华　丰东升
　　杨储丰　瞿元弟　张学英　汪学才
　　张维谊　范红伟　韩玉洁

本书编写人员名单
—— 查 倩　邓 波　李 璇　朱彬彬
　　楼甜甜　殷向静　周雨璐　王秀敏
　　周慧娟　虞秀明　蒋闻越

丛书总序

2021年中央一号文件指出："要深入推进农业结构调整，推动品种培优、品质提升、品牌打造和标准化生产。要加快健全现代农业全产业链标准体系，推动新型农业经营主体按标生产，培育农业龙头企业标准领跑者。"加快健全现代农业全产业链标准是高标准引领农业高质量发展的一项创新举措，也是农业农村部农业生产"三品一标"提升行动的主要任务。

2022年，上海市农业农村委员会为进一步对标现代农业产业提档升级新要求，强化突显全产业链条概念，联合上海市市场监督管理局印发了《关于进一步加强本市农业农村标准化建设的指导意见》，提出加强农业全产业链标准化建设的重点任务，打破以往标准仅聚焦于农业生产某一环节、某一要素或某一方法、"重产中，轻产前，缺产后"的局面。同时，上海市农业农村委员会组织上海市农业科学院、上海市农业技术推广服务中心、上海市农产品质量安全中心、上海市林业总站等单位的行业技术专家，坚持"缺标补标、低标提标、全程贯标"的原则，聚焦葡萄、桃、梨、柑橘和草莓五大主栽果品，探索形成贯穿"产前、产中、产后"三大环节、"产地环境、建园技术、种质苗木、栽培技术、病虫防治、质量分级、包装贮运"七大维度的全产业链生产技术体系，总结凝练历年研究及应用成果，广泛吸纳上海地区优质果园生产技术，研制了全产业链生产规范地方标准，编制了全产业链生产质量安全管控技术图。为更好地实现由"对标用标"向"看图用标"转变，上海市农业农村委员会组织编著了"上海市果树全产业链生产技术"丛书，助力农业生产和农产品两个"三品一标"协同发展。

"上海市果树全产业链生产技术"丛书是专门为上海地区发展葡萄、桃、梨、柑橘和草莓五大水果产业编写的，包括《上海市果树全产业链生产技术：葡萄》《上海市果树全产业链生产技术：桃》《上海市果树全产业链生产技术：梨》《上海市果树全产业链生产技术：柑橘》和《上海市果树全产业链生产技术：草莓》五本，适合上海地区地势、气候条件和市场需求，具有较为显著的"上海特色"，也符合形势发展需求。丛书各册以产品为模式、全程质量控制为核心，围绕生产主线，从优良品种、建园、树体管理、花果管理、土肥水管理、有害生物及逆境防控、采收及商品化处理、质量安全管理等方面阐述了果树全产业链生产技术，以图文并茂的形式全面、系统地总结了产前、产中、产后各关键生产环节的技术要点，适用于葡萄、桃、梨、柑橘和草莓五大果品的生产管理人员和广大果农阅读参考。该丛书是广大一线科技人员多年的成果汇集，指导性强。

丛书的编者都是从事果树科研与生产的专家，既有深厚的理论功底，也有丰富的实践经验。我相信，该丛书的出版对上海地区果园向高品质、高科技、高效益、绿色化、标准化、品牌化发展具有一定的指导意义，也能助力上海打造现代农业全产业链标准化生产样板，特此作序。

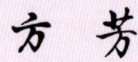

上海市农业农村委员会副主任、一级巡视员

前言

葡萄（*Vitis vinifera* L.）是葡萄科葡萄属落叶藤本植物，其作为世界性的重要经济果树之一，在农业经济中发挥着重要的作用。葡萄果实不仅酸甜可口、风味俱佳，而且浑身都是宝，其果实和种子均具有较高的营养价值，富含糖、酸、维生素、矿质元素、多酚类物质、膳食纤维、氨基酸等营养成分。除直接用作鲜食外，葡萄还可用作葡萄酒、果汁、果脯和保健品等多种产品的原料，因此深受消费者和种植户的喜爱。

我国是世界上葡萄主产国之一。2020年我国葡萄栽培面积1 068.6万亩*、位居世界第二，产量1 431.4万吨、位居世界第一，在实现我国乡村振兴战略中发挥着重要的作用。随着南方葡萄产区避雨栽培模式的成功研发和推广，颠覆了葡萄种植南不过长江的传统观念，这也成为我国现代葡萄产业发展史上的一个重要转折点。上海地区逐渐从20世纪80年代的葡萄次适宜栽培区变成我国南方地区乃至全国领先的葡萄产区。上海市葡萄栽培面积约3.52万亩，虽然面积不大，但上海作为国际大都市，人口众多、消费能力强，市场优势尤其突出。葡萄栽培作为都市农业的重要组成部分，不仅可以满足市民对于优质水果的消费需求，而且经济效益高，总产值约6.2亿，平均每亩收益可达1.8万元，在上海本土果品生产中占有十分重要的地位。目前，上海地区的葡萄产业还存在着产前果园基础设施与现代农机农艺不匹配、产中栽培模式有待更新、产后商品化处理技术水平有待提升等问题。

进入新时期，上海葡萄产业的发展方式和发展目标已发生转变，对于产出高效、产品安全、资源节约、环境友好等有更高的要求，亟须全产业链标准技术体系作为葡萄产业高质量发展的战略基础。有鉴于此，本书以葡萄产业高质量发展为目标，构建形成满足葡萄全产业链生产要求的标准化技术体系。本书

---

* 1亩=666.67平方米。

共包括8个部分，分别从优良品种、科学建园、树体管理、花果管理、土肥水管理、有害生物及逆境防控、采收及商品化处理、质量安全管理等方面进行论述，详细阐述了葡萄产前、产中、产后各环节的生产技术标准，从而不仅能促进本市葡萄产业发展水平，为农民增收、农业增效做出贡献，同时能全面提高本市葡萄产业技术水平，支撑葡萄产业可持续发展，增强鲜食葡萄产品在市场上的竞争能力，最终实现本市鲜食葡萄产业绿色、优质、高效、安全的生产目标。

  本书汲取了国内外同行专家们的研究成果，参阅并引用了国内外大量研究资料和图书，在此对有关作者一并致以诚挚的感谢和崇高的敬意！

  由于作者水平所限，书中错误、遗漏、不准确等问题在所难免，敬请读者指正。

编 者

2023年1月

目录

- 一、优良品种　001

  （一）早熟品种 / 003

  （二）中熟品种 / 006

  （三）晚熟品种 / 009

- 二、科学建园　011

  （一）园地选择与规划 / 012

  （二）设施设备 / 017

  （三）种植准备 / 024

  （四）种植与栽后管理 / 030

- 三、树体管理　033

  （一）常用树形 / 034

  （二）休眠调控 / 036

  （三）环境调控 / 039

  （四）生长季修剪 / 044

  （五）冬季修剪 / 045

上海市果树全产业链生产技术：葡萄

■ 四、花果管理　049

（一）花序整形 / 050

（二）植物生长调节剂应用 / 051

（三）果穗整形 / 052

（四）产量控制 / 054

（五）果实套袋 / 055

■ 五、土肥水管理　057

（一）土壤管理 / 058

（二）施肥管理 / 062

（三）水分管理 / 068

■ 六、有害生物及逆境防控　071

（一）主要有害生物防控 / 072

（二）主要逆境灾害防控 / 085

■ 七、采收及商品化处理　093

（一）果实采收 / 094

目录

（二）分等分级 / 095

（三）包装储运 / 097

八、质量安全管理　103

（一）管理制度 / 104

（二）风险管控关键点 / 105

（三）品质提升关键点 / 106

（四）农产品认证 / 108

附录　110

1. 绿色食品认证流程 / 110
2. 绿色食品农药使用目录 / 110
3. 高质量葡萄周年管理工作历 / 115
4. 葡萄生产中禁用农药名录 / 117
5. 植物生长调节剂科学使用 / 117
6. 果园常用机械 / 120

主要参考文献　123

上海市果树全产业链生产技术：葡萄

上 海 市 果 树 全 产 业 链 生 产 技 术

葡萄

优良品种

优良品种是葡萄高质量果品生产的基础，葡萄果品市场的激烈竞争，首先就是品种的竞争。上海属于典型的亚热带季风气候，四季分明，夏季高温多雨，全年平均气温为16℃左右，其中7—8月气温最高，月平均在28℃左右。全年降雨量在800~1 600毫米，其中60%以上的降雨量集中在5—9月的汛期。目前上海地区的主栽葡萄品种有5个，分别是巨峰、夏黑、巨玫瑰、醉金香和阳光玫瑰，其都是欧美杂交品种，占全市葡萄总栽培面积的90%（图1-1），表明上海地区的土地生态条件和消费市场较为适合种植欧美杂交品种。

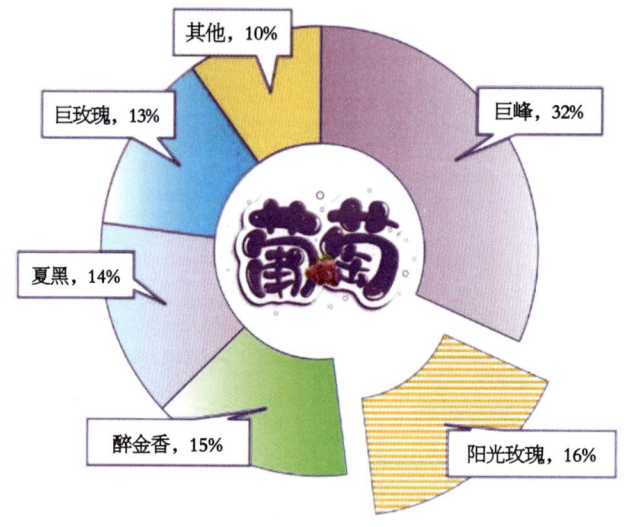

2021年上海葡萄种植品种情况
（数据来源：上海市农业技术推广服务中心调查表）

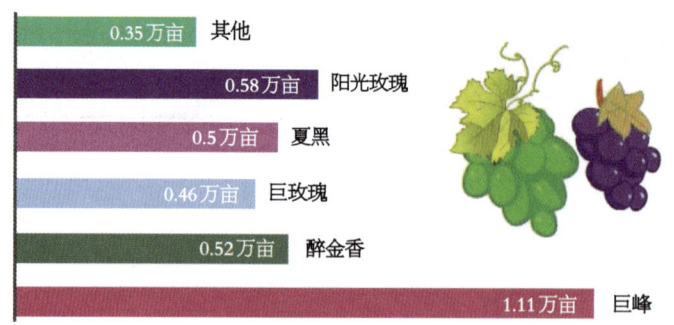

2021年上海葡萄种植品种情况（万亩）
（数据来源：上海市农业技术推广服务中心调查表）

图1-1　上海地区主要葡萄品种种植概况
（引自《上海市葡萄行业2022年全产业链市场信息监测预警分析报告》）

一、优良品种

（一）早熟品种

1. 夏黑

欧美杂交种，植株生长势强。经植物生长调节剂处理后，平均穗重400~500克，果穗中等紧密。果粒近圆形，平均粒重6~7克，紫黑色（图1-2）。平均可溶性固形物含量17%~18%。肉质硬脆，浓甜爽口，草莓香味，无核。上海地区避雨栽培条件7月下旬果实充分成熟。为早熟品种。

2. 申华

欧美杂交种，植株生长势中庸。经植物生长调节剂处理后，平均穗重550~700克，果穗中等紧密。果粒椭圆形，平均粒重13~15克，紫红色（图1-3）。可溶性固形物含量16%~17%。果肉细腻，草莓香味，无核。上海地区避雨栽培条件7月下旬果实充分成熟。为早熟品种。

图1-2 夏黑

图1-3 申华

3. 瑞都香玉

欧亚种,植株生长势强。平均穗重400～500克,中等紧密,果粒椭圆形,平均粒重7克,黄绿色(图1-4)。果肉硬脆,可溶性固形物含量16%～17%,玫瑰香味,丰产,种子2～3粒。上海地区避雨栽培条件7月下旬至8月初果实充分成熟。为早中熟品种。

4. 瑞都红玉

欧亚种,植株生长势强。平均穗重400～450克,果穗松紧度适中,果粒椭圆形,平均粒重6～7克,艳红色(图1-5)。果肉硬脆,可溶性固形物含量17%～18%,玫瑰香味,口味香甜,种子2～3粒,不易掉粒,货架期较长。上海地区避雨栽培条件7月下旬至8月初果实充分成熟。为早中熟品种。

图1-4 瑞都香玉

图1-5 瑞都红玉

5. 醉金香

欧美杂交种,植株生长势强。经植物生长调节剂处理后,平均穗重500～650克,果穗中等紧密。果粒倒卵圆形,平均粒重9～10克,黄绿色(图1-6)。平均可溶性固形物含量18%～19%。肉质细腻,茉莉香味,品质上等,无核。上海地区避雨栽培条件8月上旬果实充分成熟。为早中熟品种。

6. 申丰

欧美杂交种,植株生长势强。平均穗重450～500克,果穗中等紧密。果粒椭圆形,平均粒重9～10克,紫黑色(图1-7)。平均可溶性固形物含量17%～18%。果肉软,易剥皮,草莓香味,酸甜可口。上海地区避雨栽培条件7月底果实充分成熟。为早中熟品种。

图1-6 醉金香

图1-7 申丰

7. 蜜光

欧美杂交种，植株生长势中庸。平均穗重450～550克，果穗紧密。果粒圆形，平均粒重8～10克，紫红色（图1-8）。可溶性固形物含量17%～18%。果肉细腻，玫瑰香味，品质优良，种子1～2粒。上海地区避雨栽培条件8月上旬果实充分成熟，着色良好。为早中熟品种。

图1-8 蜜光

（二）中熟品种

1. 巨峰

欧美杂交种，植株生长势强。平均穗重450～550克，果穗中等紧密。果粒椭圆形，平均粒重11～13克，紫红色（图1-9）。平均可溶性固形物含量17%～18%。肉

一、优良品种

质中等,汁多,酸甜可口,草莓香味,种子1~2粒。上海地区避雨栽培条件8月中下旬果实充分成熟。为中熟品种。

2. 巨玫瑰

欧美杂交种,植株生长势强。平均穗重400~450克,果穗中等紧密。果粒椭圆形,平均粒重9~10克,紫红色,但易着色不匀(图1-10)。平均可溶性固形物含量18%~19%。肉质较脆,酸甜可口,具有浓郁玫瑰香味,风味好,种子1~3粒。上海地区避雨栽培条件8月中旬果实充分成熟。为中熟品种。

图1-9 巨峰

图1-10 巨玫瑰

3. 申玉

欧美杂交种,植株生长势中庸。平均穗重350~400克,中等紧密。果粒椭圆形,平均粒重10~12克,黄绿色(图1-11)。可溶性固形物含量17%~18%。果肉细腻,草莓香味,品质优良,种子1~2粒。上海地区避雨栽培条件8月中下旬果实充分成熟。为中熟品种。

4. 申玫

欧美杂交种，植株生长势强。平均穗重400～500克，果穗中等紧密。果粒椭圆形，平均粒重9～11克，紫红色（图1-12）。可溶性固形物含量17%～18%。果肉细腻，玫瑰香味，品质优良，种子1～2粒，不掉粒，耐树挂。上海地区避雨栽培条件8月下旬果实充分成熟。为中熟品种。

图1-11　申玉

图1-12　申玫

5. 申园

欧美杂交种，植株生长势强。平均穗重400～500克，果穗中等紧密。果粒长椭圆形，平均粒重9～11克，深紫红色（图1-13）。可溶性固形物含量17%～18%。果肉细腻，草莓香味，风味浓郁，种子2～3粒。上海地区避雨栽培条件8月中旬果实充分成熟。为中熟品种。

一、优良品种

6. 申丽

欧美杂交种,植株生长势强。平均穗重400～500克,中等紧密,果粒倒卵形,平均粒重9～11克,黄绿色(图1-14)。可溶性固形物含量17%～18%。肉质细腻,玫瑰香味,品质优良,种子1～2粒。上海地区避雨栽培条件8月中下旬果实充分成熟。为中熟品种。

图1-13　申园

图1-14　申丽

(三)晚熟品种

1. 阳光玫瑰

欧美杂交种,植株生长势强。经植物生长调节剂处理后,平均穗重600～700克,果穗中等紧密。果粒椭圆形，平均粒重10～12克，绿色-黄绿色（图1-15）。平均可溶性固形物含量18%。肉质细腻，玫瑰香味，无核。上海地区避雨栽培条件8月下旬至9月上旬果实充分成熟。为晚熟品种。

2. 妮娜皇后

欧美杂交种，植株生长势中庸。经植物生长调节剂处理后，平均穗重600～750克，果穗中等紧密。果粒倒卵形，平均粒重12～15克，淡红色（图1-16）。可溶性固形物含量17%～18%。草莓香味，风味极佳，无核。上海地区避雨栽培条件8月下旬至9月上旬果实充分成熟。为晚熟品种。

图1-15　阳光玫瑰

图1-16　妮娜皇后

上 海 市 果 树 全 产 业 链 生 产 技 术

葡萄

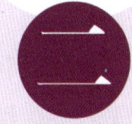

科学建园

葡萄建园的质量与抗风险能力、果品质量、管理成本以及经济效益息息相关。因此，葡萄种植从建园开始，就要高起点、高标准，通过制定详细的园地规划、配备良好的设施设备、引种优质的品种苗木，充分利用好天时、地利、人和等各种条件，为实现生产绿色、优质葡萄果品奠定基础。

（一）园地选择与规划

1. 园地选择

葡萄是喜温、喜光的植物，因此温度、水、光照等气候条件是葡萄园建园时应该首要考虑的因素，同时还要综合考虑地理位置、地下水位、土壤状况以及交通便捷等因素。

（1）地理位置

葡萄园区应生态环境良好，远离污染源，如工矿企业、交通干线、医院、饲养场、垃圾和废弃物堆放场等，一般要求与工厂相距5千米以上、与交通主干线相距0.5千米以上。同时葡萄园也应位于交通便利的地方，具有快速通畅的运输条件。此外，葡萄园选址时应靠近水源，以保证灌溉水源充足。

（2）地下水位

葡萄不耐涝、怕淹水，在上海地区高温多雨的气候条件下，地下水位过高往往会造成土壤盐碱化、土壤通气性差，不利于根系生长，并导致根系分布浅，严重时甚至会导致根系腐烂，影响植株的生长发育。因此葡萄园宜选择地势平坦的高燥地，地下水位应常年在0.8米以下。若葡萄园地下水位过高，可选择填土的方式整体抬高园地地势或起垄栽培等，降低地下水位至合理范围（图2-1）。

图2-1　填土抬高园地地势

(3) 产地环境

工业"三废"和城镇垃圾不合理地排放、处理，导致生态环境日益恶化，地下水中重金属、氰化物、氟化物、氯化物、挥发酚等物质超标，土壤中重金属残留超标等均是威胁葡萄质量安全的关键因素，大气污染则直接削弱葡萄的光合作用，导致弱苗产生，引发病虫害的流行。因此，产地环境质量是保障葡萄绿色安全生产的基本条件，主要由空气质量、农田灌溉水质以及土壤环境质量等要素组成。

① 空气质量

空气质量要求包括总悬浮颗粒物、二氧化硫、二氧化氮以及氟化物等参数，各指标应符合NY/T 391《绿色食品 产地环境质量》的要求（表2-1）。

表2-1 空气质量要求

项目	指标	
	日平均[a]	1小时[b]
总悬浮颗粒物（毫克/米³）	≤0.3	
二氧化硫（毫克/米³）	≤0.15	≤0.5
二氧化氮（毫克/米³）	≤0.08	≤0.2
氟化物（毫克/米³）	≤7.0	≤20

注：相关指标参照NY/T 391的要求制定。a指任何1日的平均指标；b指任何1小时的指标。

② 农田灌溉水质

农田灌溉水质包括pH、悬浮物、五日生化需氧量、化学需氧量、阴离子表面活性剂、氯化物、硫化物、总汞、总镉、总砷、总铅、六价铬、粪大肠菌群数、蛔虫卵数、氟化物、氰化物以及石油类等参数，各指标应符合GB 5084《农田灌溉水质标准》和NY/T 391《绿色食品 产地环境质量》的要求（表2-2）。

表2-2 农田灌溉水质要求

项目	指标	引用文件
pH	5.5～8.5	NY/T 391
悬浮物（毫克/升）	≤15	GB 5084

续 表

项　目	指　标	引用文件
五日生化需氧量（毫克/升）	≤15	GB 5084
化学需氧量（毫克/升）	≤60	NY/T 391
阴离子表面活性剂（毫克/升）	≤5.0	GB 5084
氯化物（以Cl^-计）（毫克/升）	≤350	GB 5084
硫化物（以S^{2-}计）（毫克/升）	≤1.0	GB 5084
总汞（毫克/升）	≤0.001	NY/T 391
总镉（毫克/升）	≤0.005	NY/T 391
总砷（毫克/升）	≤0.05	NY/T 391
总铅（毫克/升）	≤0.1	NY/T 391
六价铬（毫克/升）	≤0.1	NY/T 391
粪大肠菌群数（最近似数/升）	≤10 000	NY/T 391
蛔虫卵数（个/10升）	≤10	GB 5084
氟化物（毫克/升）	≤2.0	NY/T 391
氰化物（以CN^-计）（毫克/升）	≤0.5	GB 5084
石油类（毫克/升）	≤1.0	NY/T 391

③ 土壤环境质量

土壤环境质量包括pH、总镉、总汞、总砷、总铅、总铬以及总铜等参数，各指标应符合NY/T 391《绿色食品　产地环境质量》的要求（表2-3）。

表2-3　土壤质量要求

项　目	指　标
pH	6.5～7.5
总镉（毫克/千克）	≤0.3
总汞（毫克/千克）	≤0.3
总砷（毫克/千克）	≤20

续 表

项　目	指　标
总铅（毫克/千克）	≤50
总铬（毫克/千克）	≤120
总铜（毫克/千克）	≤60

注：相关指标参照NY/T 391的要求制定。

2. 园地规划

（1）整体规划

建园前应对葡萄园进行整体规划和设计，通过实地勘测，绘制出园区地形地势图。根据园区的实际情况，确定园区规划的目标和定位，并以此为基础进行规划设计和发展思路的制定。根据各个功能需求，制定符合实际情况的总体布局和功能分区，如办公区、种植区、水肥控制区、产品处理区等（图2-2）。

图2-2　葡萄园园地规划

（2）小区划分

园区宜集中设施连片面积50亩以上并划分为若干小区，栽植小区宜建成长方形，南北向为宜。作业小区内种植行向的长度尽量延长，可以减少机械辅助作业时间，提高作业效率，一般以100～150米为宜。小区间以道路、沟渠间隔。

(3) 土壤准备

① 园地平整

园区应先平整土地,使用耕整设备和平地设备对园区土地进行整理,推高填低,不能出现低洼积水地块,使地面整齐呈流线型。

② 土壤消杀

园区内的栽培土壤应先进行消毒,目前常用的消杀措施有日光高温消毒法和药剂消毒法。

日光高温消毒法:在7—8月的高温季节,将基肥中的农家肥施入土壤,深翻30~40厘米,灌透水后用塑料薄膜平铺覆盖土壤并密封40天以上,使土温达到50℃以上,从而有效杀死土壤中的病菌和线虫。在翻地前,也可每亩土壤中撒施生石灰80~150千克,灌水后覆盖塑料布可使地温升至70℃左右,杀菌杀虫效果更好(图2-3)。

药剂消毒法:使用溴甲烷、三氯硝基甲烷、棉隆等熏蒸剂在栽植前对土壤进行消毒。利用土壤消毒机或土壤注射器将熏蒸剂注入土壤中,然后在土壤表层覆盖塑料薄膜,杀死土壤中的病菌。土壤熏蒸消毒后必须使药剂充分挥发后才能定植,否则容易产生药害,造成弱苗、死苗以及减产。

图2-3 日光高温土壤消毒

③ 土壤肥力

园地土壤应依据土质进行逐步整体改良,每年将有机肥撒施并深翻到地下。经3~4年土壤改良后,土壤中的有机质、全氮、有效磷以及速效钾等指标参数应符合NY/T 391《绿色食品 产地环境质量》的要求(表2-4)。

表2-4 土壤肥力要求

项　　目	指　　标
有机质(克/千克)	>25
全氮(克/千克)	>1.0
有效磷(毫克/千克)	>10
速效钾(毫克/千克)	>100

注:相关指标参照NY/T 391的要求制定。

(二)设施设备

1. 基础设施

(1)道路设施

根据葡萄园规模、地形地势等规划设计园区的道路系统,主要由主路、支路和田间作业道路组成。主路需硬化,贯穿全园,宽4~5米,并与当地干线公路相通;支路与主路垂直,便于机械通行,宽3~4米;作业道与支路相连接,宽度约2~3米。为了能最大限度地利用好园区内有限的土地资源,建议在道路上方搭建葡萄长廊,可以兼顾交通、生产、观赏、避雨、遮阴等功能,做到美观与实用并存(图2-4)。

图2-4 葡萄长廊

（2）排水系统

近年来上海地区夏秋季极端天气越来越频繁，极易造成成熟期葡萄生产的不必要损耗，因此，葡萄园排水系统的管道沟渠等的规划设计应高规格，依据降雨量、地势等要素由专业人员进行设计。

园地排水系统应三级沟系配套，由一级排水沟（围沟和主排水沟）、二级排水沟（贯通小区间的纵、横向排水沟）、三级排水沟（小区内腰沟和畦沟）组成，采用明渠暗管相结合的方式（图2-5）。易淹水或地势较低的地区，应在一级排水沟靠近外河区域建立强排系统。

一级沟深1.2～1.5米，宽2.0～2.5米；二级沟深0.8～1.0米，宽1.0～1.5米；三级沟深0.4～0.7米，比降0.1%～0.3%。

图2-5　葡萄园排水沟

（3）灌溉系统

葡萄园灌溉系统应由具有相应资质的水利设计单位或专业公司承担，根据现场水源、气候、地形、土壤、种植方式及基地的发展要求，做到技术先进、经济合理、安全适用。以河流、渠道、水库、塘堰等为水源时，取水位应考虑设计常水位、设计高水位和设计低水位，取水口应设拦污栅和进水池，进水池的深、宽应满足沉淀、清淤和水泵正常吸水的要求。

水肥一体化技术是近年来兴起的一项农业新技术，即借助压力系统通过管道和滴头将溶解的水溶性固体肥料或液体肥料均匀、定时、定量地精准供给作物。水肥一体化技术的推广应用不仅能提高水肥利用率，其肥料吸收率比传统土壤施肥要提高一倍以上，而且还可促进农业生产提质增效，保障农业可持续发展，生态效益、社会效益和经济效益显著。因此，上海地区高标准葡萄园建议应用水肥一体化技术进行施肥，可以减少肥料用量、降低劳动力成本。水肥一体化灌溉系统通常由首部系统、输水管道系统、终端等组成，在充分考虑葡萄水肥统一管理具体要求的基础上，根据灌溉面积和设计流量选配适宜组件，并由专业人员设计并施工（图2-6）。

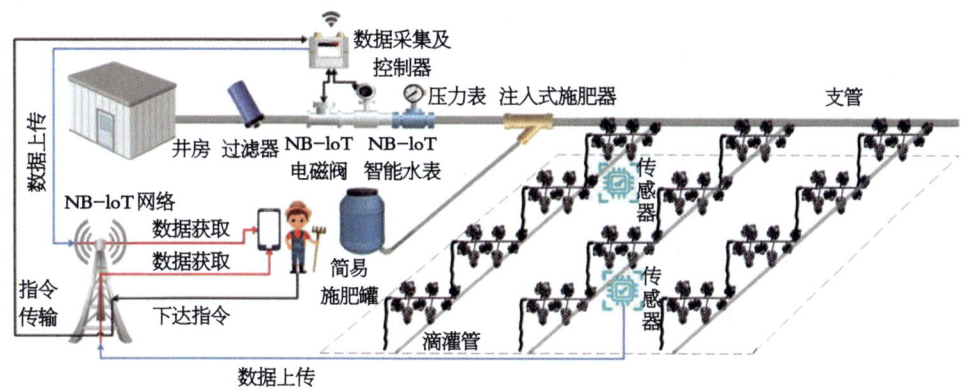

图2-6　水肥一体化灌溉系统示意图（引自李增源等，2022）

首部系统包括水源、增压泵、过滤器、施肥装置、注肥泵等设施设备（图2-7）。在离水源近的地方设置首部泵房（30～40平方米），水泵选型应根据水量平衡和水力计算结果，满足各轮灌小区的设计流量和设计扬程要求（表2-5）。水泵动力机组的功率备用系数电动机为1.05～1.3，柴油机为1.15～1.5。当工作流量或压力变动范围较大时，宜选配变频恒压或压力调节供水装置。施肥装置是灌溉系统中过滤施肥的必备产品，施肥装置的上游和下游均应设置防回流装置和过滤设备，并在下游过滤器进口处安装压力测量装置。清洗过滤器、施肥（药）装置的废水未经处理不得排入水源中。滴灌水量按每次每亩3 000～3 500升测算，据水源情况和灌水器要求，采用不同种类过滤器分级配置，确保不堵塞滴灌管路系统（表2-6）。当水源的pH超标时，应配置水软化设备。

图2-7 水肥一体化设备

输水管道系统一般情况下应按干管、支管和毛管三级形成树枝状管网，采用PE管材质，埋设到地面以下80～100厘米。干管直通各栽植作业小区，支管沿作业道垂直于栽植行，毛管沿作物种植方向或行间设置，符合最优布置原则，管网设计应满足各级管道出口压力基本一致，供水均匀。各级管道的管径应根据其工作流量和压力共同确定，管径大小应符合安全和经济流速的要求（表2-7）。按葡萄栽植行铺设滴灌管（带），一般每条葡萄树行间铺3条滴灌带，左右两边滴灌带给两侧葡萄根系供水，中间1条给纵向根系供水。

终端可以选择微喷灌或滴灌。微喷灌可选用5429C旋转微喷头，工作压力250千帕，流量80升/时，每行间隔3米安装1套旋转微喷头（图2-8）。滴灌选用贴片滴灌带，滴头间距0.3米，工作压力150千帕，单滴头流量1.38升/时。

表2-5 水泵主要技术规格参数

面积（亩）	功率（千瓦）	数量（台）	水量（米³/时）
≤50	5.5	2	23～46
50～100	7.5～11.0	2	46～85
100～200	11.0～15.0	2	85～160

表2-6 过滤设备配置的技术规格参数

灌溉系统	水源	过滤准确度	砂石过滤器		叠片过滤器			网式过滤器		
			一级	二级	一级	二级	三级	一级	二级	三级
滴灌	地表水	≥120目	√				√	√		
微喷	地表水	≥100目	√				√	√		

表2-7 干管主要技术规格参数

面积（亩）	干管管径（毫米）
≤50	≥90
50～100	≥110
100～200	≥110

图2-8 微喷灌

如崇明岛这样含盐分高、pH高的不适宜灌溉地区，宜修建雨水收集池。利用设施大棚外的雨水收集管道，将雨水集中收集到雨水收集池，再通过泵房将雨水过滤后进行灌溉，为水肥一体化的灌溉水质提供保障，从根源上解决水源水质中的病虫害及有毒物质污染残留问题（图2-9）。

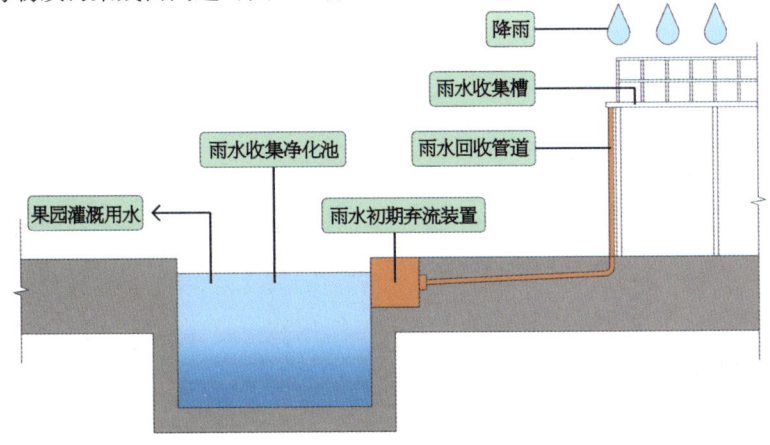

图2-9 雨水收集系统示意图

（4）其他配套设施

在园区交通便利处每亩配套建设管理用房1平方米、生产资料库房3平方米、果品采后预处理间1.5平方米、农用机械储放间3平方米等基础设施，配套设施设备齐全，并在醒目的位置树立标示牌。

2. 栽培设施

（1）设施大棚

上海地区春夏高温多雨，病虫害发生严重，葡萄露地栽培存在安全性差、品质低劣、产量低等突出问题。设施栽培可以通过覆盖天膜阻隔雨水，改变生长小环境，使其适合葡萄生长，从而有效减少病害发生概率，显著提升葡萄果实质量。因此，上海地区的葡萄生产应采用设施栽培，设施大棚的设计结构、规格参数及配套设备应符合地理环境条件和葡萄种植农艺要求，并按规定程序批准的设计图样及技术文件制造安装（表2-8，图2-10）。

图2-10 连栋设施大棚

表2-8 设施大棚的主要技术规格参数

跨度（米）	开间（米）	拱向距（米）	肩高（米）	脊高（米）	基础埋深（米）	长度（米）
6.0～8.0	4.0	1.0	3.0～4.0	4.8～6.2	0.8～1.0	≤60

设施大棚主体钢结构采用拱形屋面骨架结构，应满足自然通风降温、内保温等配套系统安装的要求。主体钢结构件宜采用碳素结构钢，表面应进行热浸镀锌处理，镀层厚度≥0.045毫米。设施大棚结构的设计荷载应满足承受风荷载≥0.55千帕、作物荷载≥0.20千帕的荷载基本组合效应设计值要求，主体钢结构的设计使用年限应≥15年。

为防控夏秋季台风侵袭，设施应具有总体完整性和稳定性。其中肩管圆管外径不少于47毫米，壁厚不少于2.0毫米，拱管圆管外径不少于32毫米，壁厚不少于1.5毫米。组装配件中的焊接件应先焊接再经防腐处理，采用螺栓紧固。天沟排水结构应满足降雨量≥140毫米/时的排水要求。

设施大棚内部结构高度与地面的最小垂直距离应不低于2.6米，以保证农机安全作业。大棚自然通风系统的结构应根据流体力学原理和通风量要求，合理选择通风结构形式和通风口的面积。一般宜采用屋面卷膜天窗和侧面卷膜侧窗组合的通风结构（图2-11）。当采用屋面全开卷膜结构时，屋面应具有防风杆结构以保持卷膜可靠性。

电气及控制系统所采用的各类电器元件、电缆电线等应符合现行产品标准的规定要求，具有产品合格证明。电控箱壳体应选用厚度≥1.5毫米的薄钢板制造，表面经防腐处理。

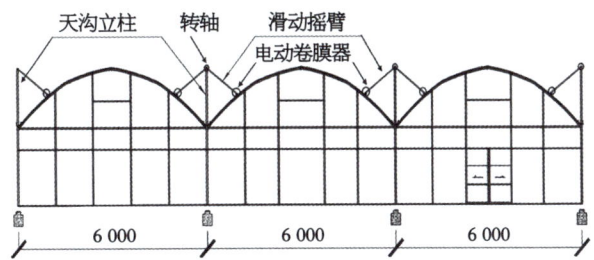

图2-11 设施大棚自动卷膜装置

（2）棚膜选择

棚膜宜采用0.08~0.15毫米的耐老化、高强度的透明聚乙烯无滴膜，每1~3年更换一次。

3. 棚架搭建

新建设施大棚内宜采用平棚架，山墙安装水平支撑杆、侧墙安装纵向拉杆的组合结构应满足整体结构强度，符合葡萄种植机械化生产的基本要求和作业操作安全性要求（表2-9）。架杆长度要求2.5米，埋入地下50~60厘米，地上部分高度1.8~2.0米。架杆可以选择水泥柱、钢柱、木柱等。水泥柱在保障强度的同时应尽量薄；钢柱采用镀锌工艺处理，应尺寸小、强度高，适应机械化作业；木杆强度低且寿命短，使用前需进行防腐处理。地头边杆由于受力较大，应斜拉加固增强抗拉性能，但要注意不能影响机械地头转弯。

表2-9　温室内平棚架主要技术规格参数

规格名称	纵梁支撑距（米）	生长架面网线间距（米）	架高（米）
平棚架	4.0	0.40×0.40	1.8~2.0

拉丝可选用镀锌钢丝、不锈钢丝或塑钢丝等，应具有足够的强度承受葡萄树体生长的重力和牵拉力，一般为8~16号拉丝，即直径为2.0~3.0毫米的拉丝为宜。拉丝固定采用人工或者用拖拉机带着专用的拉丝装置一次完成整个高度上的几道拉丝的布置和固定，最终形成40厘米×40厘米网格状的平棚架。

（三）种植准备

1. 苗木准备

（1）品种选择

葡萄品种应根据上海地区的土壤及气候环境特点，选择生长势强、易于管理、产量稳定和抗逆性强的品种，同时还应兼顾当前市场对葡萄品种"高糖""香味""无核"等品质需求，并在及时掌握市场需求基础上不时进行相应的品种结构调整。总之，品种搭配宜根据市场需求早、中、晚熟及红、紫、黄、黑、绿等色泽比例协调。

（2）苗木质量

选用品种纯正、砧木类型正确、根系发达、枝干粗壮、芽眼饱满的优质壮苗。每株葡萄苗应有5条以上生长健壮的粗根，枝干粗度不低于0.8厘米，嫁接苗嫁接部位愈合良好，接穗成熟度良好，无根瘤蚜、根结线虫等检疫对象，无明显的真菌病害等（表2-10）。

表2-10　自根苗和嫁接苗质量要求

	项目	自根苗		项目	嫁接苗
	品种纯度	≥98%		品种与砧木纯度	≥98%
根系	侧根数量（条）	≥5	根系	侧根数量（条）	≥5
	侧根粗度（厘米）	≥0.3		侧根粗度（厘米）	≥0.4
	侧根长度（厘米）	≥20		侧根长度（厘米）	≥20
	侧根分布	均匀舒展		侧根分布	均匀舒展
枝干	成熟度	木质化	枝干	成熟度	充分成熟
	枝干高度（单位）	20		枝干高度（厘米）	≥30
				接口高度（厘米）	10～15
	枝干粗度	≥0.8		硬枝嫁接粗度（厘米）	≥0.8
				绿枝嫁接粗度（厘米）	≥0.6
				嫁接愈合程度	愈合良好
	根皮与枝皮	无新损伤		根皮与枝皮	无新损伤
	芽眼数（个）	≥5		接穗品种芽眼数（个）	≥5
	病虫危害情况	无检疫对象		病虫危害情况	无检疫对象

（3）砧木选择

砧木品种的选择应根据生产目的、土壤类型和病虫害发生特点进行综合考虑，在上海地区栽植可选用SO4、5BB、贝达、华佳8号等砧木。

（4）苗木繁育方法

葡萄苗木繁育的常用方法有硬枝扦插和绿枝嫁接。

① 硬枝扦插

插条准备：从母本树上采集健康的一年生休眠枝条作为插条，粗度最好为0.8～1.0厘米。将插条6～8节截为一段，50～100根为一捆，标明品种及采集地点，放置在背阴处的湿沙中储藏，沙子保持50%左右的含水量。2～3月取出插条，按2～3芽长度剪截，上端离芽眼1.5厘米处平剪，下端离芽眼1～2厘米处斜剪成马蹄形。

扦插：扦插前施足基肥后（每平方米施腐熟有机肥2千克左右、过磷酸钙4～5克），按行距打垄，垄上覆地膜。当地温升至10℃以上时，按株距在地膜上扎孔，将插条斜插入孔中，顶芽露在地膜外，灌透水。

扦插苗管理：新梢抽出5～10厘米时，选留一个粗壮枝，其余抹除。新梢生长到30厘米左右，立杆拉绳引绑新梢，副梢留1片叶摘心，并加强肥水管理和病虫害防控（图2-12）。

图2-12　葡萄扦插苗

② 绿枝嫁接

砧木准备：从砧木母本树上剪取插条，按照硬枝扦插的方法培育砧木苗。嫁接前砧木苗摘心，并去除腋芽和副梢，在基部留2～3个叶片，在其上2～3厘米处剪断。

接穗准备：从母本树上采集生长健壮、无病虫害的半木质化以上的带芽新梢作为绿枝嫁接接穗，新梢粗度以0.4~0.6厘米为宜。剪下新梢后立即去除叶片和副梢，放置在底部带水的容器内。

绿枝嫁接：将准备好的接穗采用劈接方式嫁接到砧木上。砧木和接穗形成层尽量对齐，粗度不一致时，应使形成层一侧对齐，接穗斜面刀口上部露出1~2毫米，以利于接口愈合。然后用2厘米宽的塑料薄膜缠绕，只露出接芽（图2-13）。

嫁接苗管理：嫁接后及时、多次除掉砧木上的萌蘖。当接芽抽出20~30厘米新梢时进行引绑。嫁接苗生长过程中应及时灌水、施肥和摘心。

图2-13 绿枝嫁接

③ **苗木出圃**

苗木在秋后新梢成熟、自然落叶后出圃。起苗前3~5天浇1次水，起苗时应避免造成地上部分枝干的机械损伤，起苗后立即根据苗木质量要求进行修剪和分级。苗木在贮存期间不宜受冻、失水、霉变。出圃苗木应随有苗木生产许可证、苗木标签和苗木质量检验证书，每包装单位应附有品种、等级、数量、出圃日期标签。未达到质量和检疫不合格的苗木不得出圃。远途运苗，在运输前应用纸箱、尼龙编织袋等材料包装苗木，按20株/捆进行捆绑，包内应填充保湿材料以防失水。

2. 定植前准备

（1）沟式

栽植前进行翻耕，深度15~20厘米。遵循深挖浅种的原则，按行距要求挖定植沟。定植沟沟深50~60厘米、宽100~150厘米，挖好后使土壤充分风化，并在底层填入碎石、砾石或者切碎的玉米秸秆等，有条件的可在最底下埋设暗管（图2-14）。然后再将腐熟的有机肥和表土混匀填入沟内，一般每亩施腐熟有机肥10 000~20 000千克、过磷酸钙100千克。填入后要高于原来的地面，以防栽植灌水后土面下沉。

图2-14 挖定植沟

（2）垄式

对于地下水位较高的葡萄园，可采用起垄栽植。先在地面铺垫塑料薄膜，并在其上堆积营养土成垄用于葡萄种植（图2-15）。垄的规格因栽培密度而异，行距8米时，垄的规格应为上宽100厘米、下宽140厘米。生长季建议在垄的表面覆盖黑色或银灰塑料膜，保持垄内土壤水分和温度的稳定。垄式栽培的优点是操作简单，但根域土壤水分变化不稳定，生长容易衰弱，因此，必须配备良好的滴灌系统。土壤培肥同沟式。

图2-15 起垄栽培方式

（3）垄沟结合式

将根域的一部分置于定植沟内，一部分以垄的方式置于地上（图2-16）。根据土壤丰水期的地下水位高度来决定起垄高度，确保根系分布层有50～60厘米的高度，并在起垄底部设置地下排水系统。一般以定植沟深度30厘米、垄高30厘米为宜。沟垄规格因行距而异，行距8米时，沟宽100厘米、垄

图2-16 沟垄结合栽培方式

的下宽100厘米、上宽60~80厘米。垄沟结合模式既有沟式的根域水分稳定、生长中庸、果实品质好的优点,又有垄式操作简便、排水良好的优势。

（4）容器式

容器栽培模式以控根器或无底矩形木框为宜,容器的大小根据树冠投影面积确定,一般每平方米树冠投影面积对应的控根器体积为0.05~0.06立方米,土层厚度40~50厘米（图2-17）。容器栽培的土壤培肥非常重要,优质腐熟有机肥和园土的混合比例以1:(4~6)为宜。有机肥与园土完全混匀,切忌分层混肥。黏重土壤还要适当添加河沙或炉渣,以增加土壤通透性。生长季在垄的表面覆盖黑色或银灰色塑料膜,保持框内土壤水分和温度的稳定。这种方式的优点是操作简单,但容器栽培土壤水分变化不稳定,生长容易衰弱,因此,必须配备良好的滴灌系统。土壤培肥同沟式。

图2-17 容器栽培方式

（四）种植与栽后管理

1. 幼苗定植

（1）裸根苗定植

秋季落叶后到次年春季葡萄萌芽前定植。定植前，先将苗木放入清水中浸泡12~24小时，然后剪去苗木过长根，剪平伤根，一般留15~20厘米，最后用杀虫、杀菌剂进行消毒。定植前按照株距开挖宽30~40厘米、深20厘米的定植穴，将苗木放入穴中，使根系舒展，顶芽朝向与行向一致，再填入表层熟化土偎根，将苗木向上轻提，使根与土密接，将土踏实，使苗木根颈与畦面平齐。嫁接苗栽植深度以嫁接口高出地面5~10厘米为宜。浇足定根水，最后表层盖上干土保墒。定植后留2~3个饱满芽短截定干。

（2）容器苗定植

苗木应达到"三叶一心"以上的标准，一般在5—6月进行定植。定植时先将塑料袋剥去，然后一手托住带土团的幼苗，不使土壤松散开，一手用铲在划定的株行距位置处挖浅坑，随即连同土团把幼苗栽入浅坑内，栽植深度应使幼苗根颈略高于地表，最后用铲把土整平、压实，并及时浇1次透水。定植后1个月内，若气温过高，必要时应遮阴栽培。

2. 栽后管理

（1）苗期管理

一般新建果园建议在冬季或苗木栽植后尚未发芽前全园喷施一次3~5波美度的石硫合剂，有效杀灭病菌和虫卵。春季保持肥水供应充足，保证苗木发芽和旺盛生长。萌芽后选留长势较好的1~2个新梢，其余的新梢抹除，当新梢长度≥20厘米时每株只留蔓一个，及时设立支柱引绑，使新梢沿杆直立向上生长。当新梢长到80~100厘米时摘心，以后上部只留一个副梢让其生长，过高时适当短截。下部副梢只留一片叶进行反复摘心，促进枝蔓加粗生长。按照不同的架式和树形，培养好主蔓与结果母枝。

（2）树形选择

目前，葡萄架形的发展逐渐向整齐美观、高产优质、省工省力的方向发展。在实际生产中，最适宜葡萄种植模式的选择需要在先天的基础上，充分考虑"天时、地利、人和"的影响。具体表现为根据葡萄的本身品种特性，综合自然气候条件的"天时"，地形地势土壤条件的"地利"，人工、投入、机械化水平的"人和"，选择符合设计要求的架式和树形。因此，上海地区宜根据园区规模、品种特性、种植模式选择篱架或水平棚架等适宜架式。平棚架宜选H形或一字形，篱架宜选Y形。

上海市果树全产业链生产技术：葡萄

上海市果树全产业链生产技术

葡萄

三

树体管理

葡萄是藤蔓植物，具有很强的生长能力和顶端优势，放任生长会造成枝蔓混乱、徒长郁闭。只有对葡萄树体实行科学管理，才能使枝蔓合理分布，充分利用阳光和生长空间，形成合理的树体骨干结构，为整个栽培期的葡萄树体正常生长和果实发育奠定良好的基础，是葡萄优质生产最为重要的技术之一。

（一）常用树形

1. V形架

V形架多采用单干水平多主枝栽培，形成V形叶幕，树形呈倾斜的篱臂形。V形架的架杆为双十字形，架桩高度2.5～2.6米，地面以上高度2.0米，并在地面以上80～100厘米处设置第一道铁丝，在距离地面1.4米和1.8米处再各设一根0.6米和1.2米长的横杆，两根横杆前端各顺行拉一道铁丝（图3-1）。葡萄行距为2.5～3.0米，株距前期为1.0～1.5米，后期可间伐至3.0～4.0米。

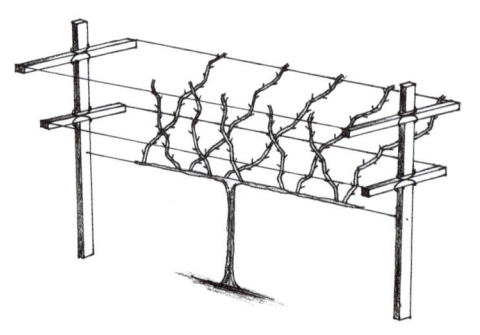

图3-1　V形架

2. 棚架

棚架适合在高度大于3米、跨度大于6米的设施中应用，树干和主蔓呈T字状，根据整形方式不同，叶幕的形状有一字形、H形和王字形等。

（1）一字形水平棚架

行距应大于4米，株距2～2.5米，干高1.8～2.0米，可利用连栋温室单元棚连接的立柱作为定植行,葡萄苗木南北向定植于立柱之间。棚内两臂即主蔓横向延伸,形成高干T形(图3-2)。在每行立柱1.8~2.0米高处用铁丝或用钢管顺向连接,作为横向铁丝的承重梁,防止铁丝下垂,架面铁丝顺两臂方向横向固定,间隔40~50厘米拉1道铁丝,新梢顺向相对绑缚,平面结果。

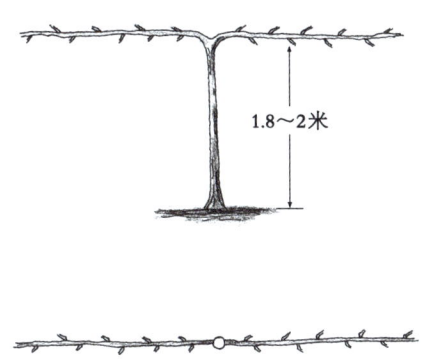

图3-2 一字形水平棚架

(2) H形水平棚架

H形与一字形水平棚架的基本结构相似,略有不同的是H形树形有1个主干、2个主蔓和4个构成H形框架的侧主蔓,同方向主蔓间距3.6~4.0米(图3-3)。葡萄水平网架采用钢丝搭建,高1.8~2.0米,网格为40厘米×40厘米,水平网架为一个整体棚架。根据连栋温室的棚体结构,在每个单元棚中间种植1行葡萄,株距初期为2~4米,后期可以间伐为6~8米。

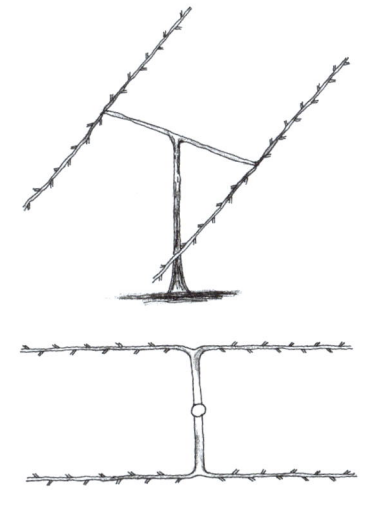

图3-3 H形水平棚架

3. 高宽垂V形架

高宽垂V形架是在V形架和棚架整形的基础上进一步改良的整形方式，与原来V形的不同之处在于：葡萄架面高度有所提升，主干高度由80～120厘米提高到150～165厘米；行距变大，葡萄行距由2.5～3.0米增加到4.0～4.5米；新梢的双臂展开，引向水平棚架架面，新梢分布在高度为1.8～2.0米的平棚架面上，树冠呈现为飞鸟形（图3-4）。在立柱两侧20～30厘米处南北顺向各拉一道铁丝，剩余空间相距40厘米均匀拉上铁丝。

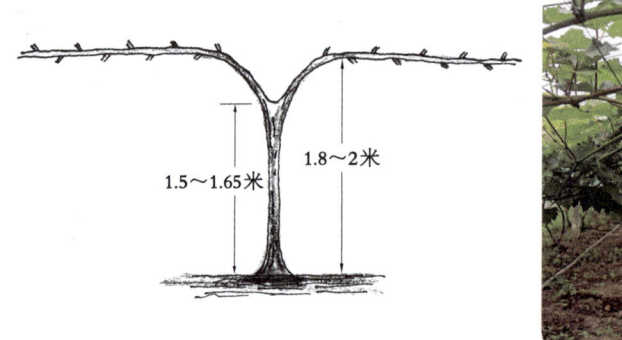

图3-4　高宽垂V形架

（二）休眠调控

随着葡萄设施栽培种植技术逐渐完善，促早栽培面积发展迅速，已成为当前上海地区葡萄设施栽培的重要生产模式之一。促早栽培通过保温加温、打破休眠等技术，可以使鲜食葡萄提早萌芽、开花、结果，从而促进葡萄提早上市，延长葡萄的供应期，满足了市场需求，也使种植者获得更高的经济效益。

1. 常见设施葡萄品种的需冷量

葡萄是落叶植物，有冬季休眠的习性，促成栽培的葡萄必须满足基本需冷量才能保证花芽分化完全。需冷量不足会造成花芽分化不良，影响葡萄的萌芽率，进而对葡萄产量和品质造成影响。因此，葡萄促成栽培成功与否的前提条件是要掌握所栽培葡萄品种的需冷量。上海地区常见葡萄品种的需冷量见表3-1。

表3-1　上海地区常见葡萄品种的需冷量参考值

品　种	需　冷　量		
	0～7.2℃模型（小时）	≤7.2℃模型（小时）	犹他模型（C·U）
夏黑	613	802	785
醉金香	645	834	828
巨峰	684	895	865
巨玫瑰	575	738	738
沪培1号	656	853	773
申丰	397	537	564
申华	467	609	580
申玉	397	537	564

注：≤7.2℃模型、0～7.2℃模型和犹他模型相比较而言，犹他模型为需冷量的最佳估算模型，但计算繁琐；≤7.2℃模型、0～7.2℃模型便于掌握和应用。

2. 上海地区葡萄结束自然休眠时间

受气候变化和城市热岛效应的影响，上海地区的气温升高趋势明显，尤其是冬季。根据2006—2020年上海地区10个气象站的气温资料显示，上海郊区满足需冷量450小时结束自然休眠时间平均为1月4日，最早为2009年12月22日，最晚为2020年1月16日，年际间差23天，2016年以来结束自然休眠时间偏晚的年份有增多趋势（图3-5-a）。满足需冷量750小时结束自然休眠时间平均为1月20日，最早为2010年1月8日，最晚为2020年2月6日，年际间差29天，2016年以来结束自然休眠时间偏晚的年份呈增多趋势（图3-5-b）。2006年以来，上海郊区葡萄结束自然休眠时间偏晚的年份有增多趋势，结束自然休眠时间的年际间差异随着需冷量增加呈增大的趋势。因此，一般而言，上海地区的设施促早栽培在每年的1月底到2月初进行覆膜保温比较保险。

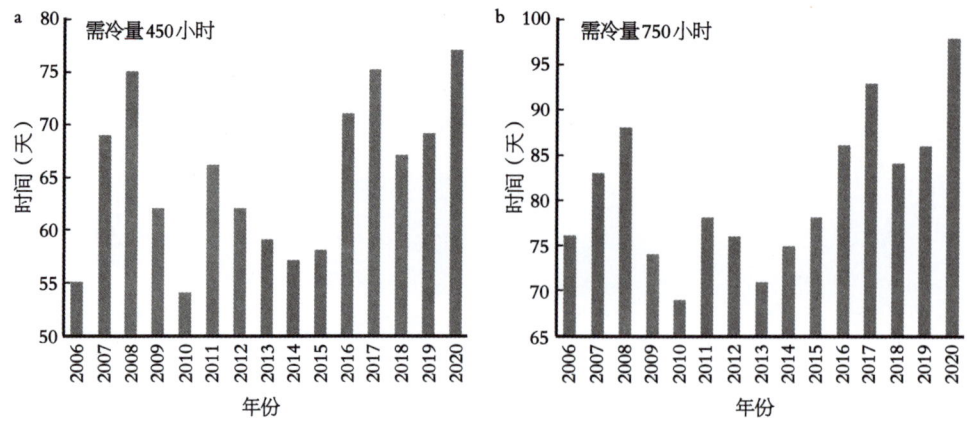

图 3-5　2006—2020 年上海地区满足葡萄结束自然休眠时间的变化
（孔莉等，2021）

3. 打破休眠

上海地区栽培葡萄常常遇到需冷量不足，加上避雨栽培光照稍差，芽眼发育不良。因此，需要辅以人工破休眠技术，促使芽眼萌发整齐一致。

（1）破眠剂的配制

① 石灰氮溶液的配制与保存

将粉末状药剂置于非铁容器中，加入 4～10 倍 40℃左右温水，充分搅拌后静置 4～6 小时备用。为提高石灰氮溶液的稳定性及破眠效果，减少药害发生，添加适量酸调节溶液 pH 至 8 即可。药剂最好随用随配，配好的药剂应在 2 天内用完。

② 50% 单氰胺水溶液的配制与保存

配制单氰胺水溶液时最好加入非离子型表面活性剂，注意不与其他农用药剂混用。在室温下储藏有效期很短，如在 1.5～5℃条件下冷藏，有效期至少可以保持一年以上。

（2）施用时期

一般在自然萌芽前 20～30 天使用为宜，可有效提高萌芽率，促使萌芽整齐。若使用过早，易受"倒春寒"和冻害影响，过晚效果不明显。

（3）施用浓度

因处理时期和品种而异，一般情况下可使用石灰氮 10%～25%、单氰胺 0.5%～3.0%。

（4）施用时天气与湿度

选择晴好天气施用，气温以10～20℃最佳，低于5℃时取消处理。从破眠剂施用到萌芽期间的空气相对湿度保持在80%以上。破眠剂处理后需立即浇透水，增加土壤和空气湿度。

（5）施用方法

用小刷子或毛笔将药液涂抹在休眠芽上（顶端芽不涂抹），或直接均匀喷施休眠枝条。如用刀片或锯条将休眠芽上方枝条刻伤后再用，效果更佳。

（6）施用注意事项

粉末状的石灰氮极易引起人体中毒，对上呼吸道、黏膜、皮肤和结膜有刺激作用，操作者要注意防护。在微酸环境下该药又易产生对人体有毒的氰氨，使用过程中应戴口罩和手套，防止药剂进入口、眼，如沾在皮肤上应立即用大量清水冲洗。喷施结束后先用肥皂洗手、洗脸，再用清水漱口、洗眼。用药后及时浇水，增加湿度，促进药效的发挥。

（三）环境调控

在葡萄设施栽培中，温度、湿度、光照以及二氧化碳浓度等是影响其生长的主要环境因子，对葡萄的生长发育至关重要，因此，环境调控的正确与否对葡萄设施栽培能否成功起着举足轻重的作用。

1. 温度调控

（1）调控技术

① 保温技术

通过优化棚室结构、强化保温设计，选用保温性能良好的保温覆盖材料并正确揭盖，在葡萄发育的关键时期，若温度过低可采取人工加温措施，如利用煤炉、电风炉等措施提高气温。

② 降温技术

加强通风时，注意通风降温顺序是先放顶风，再放底风，最后是北向的通风口进行降温；喷水降温时，注意喷水降温必须结合通风降湿，防止空气湿度过大；遮阳降温时，可有效降低设施棚内气温，减少高温期间温度和光照的伤害。

（2）周年温度调控标准

① 覆膜后至萌芽前

休眠解除期的温度调控适宜与否和休眠解除日期的早晚密切相关，如温度调控适宜则休眠解除日期提前，如温度调控欠妥当则休眠解除日期延后。此时期应紧闭温棚，缓慢升温，使棚内气温和地温协调一致。天气晴好时，温度很容易迅速上升，应将温度控制在15～20℃，如棚温超过30℃要及时将裙膜揭开通风，避免温度过高，影响萌芽整齐度。

② 萌芽后至开花前

催芽期升温快慢与葡萄花序发育和开花坐果等密切相关，升温过快，导致气温和地温不能协调一致，严重影响葡萄花序发育及开花坐果。在这个阶段，外界气温开始慢慢上升，但不稳定，忽高忽低，白天温度超过30℃要及时通风换气，防止高温危害或出现新梢徒长，夜间防止低温冻害。一般白天控制在20～25℃，预防极端温度，保证新梢均衡生长。

③ 开花期前后

此期温度管理的重点是避免夜间低温，其次还要注意白天高温。白天棚内温度控制在26～28℃，促使花期一致，温度过高会影响开花授粉。夜间棚内温度控制在15～20℃，晚上温度过低，不利于柱头生长，影响坐果。这一时期要勤调棚温，尽量缩短花期。

④ 果实发育期

积温因素对葡萄浆果发育速率影响最为显著，如果热量累积缓慢，浆果糖分累积及成熟过程延缓。因此，这阶段白天棚温控制在28～30℃，夜间棚温控制在20～22℃。

⑤ 转色成熟期

白天棚温控制在30～35℃，夜间棚温控制在25～28℃。

2. 湿度调控

（1）调控技术

① 降湿技术

可采用通风换气、全园覆盖、滴（微喷）灌等措施降低空气湿度。

② 增湿技术

萌芽前可采用喷水等措施增加空气湿度，调控灌溉次数和灌水量调节土壤湿度。

（2）周年湿度调控标准

葡萄生长期间的湿度调控遵循先高、中平、后低的原则。

① 萌芽期

从开始扣棚覆膜到萌芽期，空气相对湿度控制在90%以上，土壤相对湿度控制在70%～80%。

② 新梢生长期

新梢生长期空气相对湿度为60%～70%，土壤相对湿度在60%～80%为宜。

③ 开花期

开花期空气相对湿度为50%～60%，土壤相对湿度控制在60%～70%。

④ 果实膨大期

果实膨大期空气相对湿度和土壤相对湿度控制在65%～75%。

⑤ 转色成熟期

着色至成熟期空气相对湿度为50%～60%，土壤相对湿度控制在55%～65%为宜。

3. 光照调控

建造方位适宜、采光结构合理的设施，尽量减少遮光骨架并采用透光性能好、透光率衰减慢的透明覆盖材料。采用铺设反光膜或人工补光等方式改善光照条件。设置采光效果良好的行向、合理密植、采用高光效树形和叶幕形与合理修剪等措施提高植株的光能利用率。

（1）人工补光的栽培措施

南方地区设施葡萄果实发育期的着色阶段常常在初夏的6月中下旬，这段时期上海地区正处于梅雨季节，光照少、湿度大的环境易导致葡萄着色不良，对葡萄的外观品质产生较大影响。值此葡萄果实发育的关键时期，可在距离葡萄叶片上方60厘米处安装40瓦的LED白光灯，每隔3米×3米设置1支光源，光照强度为300 μmol/（m²·s），补光时间为每天的4:00—5:00和19:00—22:00（图3-6），能显著提高葡萄果实外观色泽和花色苷含量，同时可溶性固形物含量增加0.5～1.5°Brix，提早成熟5～7天，从而有效提高经济效益（图3-7）。

（2）铺设反光膜的栽培措施

在果实转色阶段，在葡萄架下可以覆盖反光膜，把架边的侧光和透射到地面的散射光，通过反光膜反射到架面果穗上，能提高架下温度1～2℃，加大昼夜温差，有利于浆果糖度提升，又能促进浆果着色，从而改善浆果的色、香、味（图3-8）。

（3）摘除老叶的栽培措施

在果实将要着色前，将结果枝基部3～4片老叶剪除，增加果穗部位通风透光，对减轻果实病害和加速着色有显著作用，同时还对结果枝基部冬芽分化和充实有良好作用。

图3-6 补光处理

图3-7 补光处理促进"夏黑"早熟

图3-8 铺设反光膜

4. 气体调控

（1）调控技术

采用增施有机肥、固体二氧化碳气肥、合理通风换气等措施调节二氧化碳浓度。于叶幕形成后开始进行二氧化碳施肥，一直到棚膜揭除后为止。一般在天气晴朗、温度适宜的天气条件下于上午日出后1~2小时开始施用，每天至少保证连续施用2~4小时以上，全天施用或单独上午施用，并应在通风换气之前30分钟停止施用，阴雨天禁止施用。

（2）注意事项

在设施栽培中，由于操作不当常会导致氨气、一氧化碳和二氧化氮等有害气体聚集，禁施未腐熟有机肥、合理施肥、防止加温燃料未充分燃烧和及时通风换气等措施能有效避免有害气体聚集。

5. 环境调控注意事项

（1）关注天气预报，及时采取保温措施

促早栽培的葡萄萌芽抽梢后，要密切关注天气预报，时刻警惕低温，尤其是2月底至3月的倒春寒天气。一般来说，上海郊区的实际气温通常比气象台发布的天气预报要低2~3℃，当天气预报的最低温度低于2℃时就要引起注意，当晚必须安排人员值班，巡逻查看葡萄大棚内的温度情况。当棚内最低温度接近1℃时，立刻启动保温应急预案，棚内连续喷雾或喷水，一直到日出后温度上升。如没有喷雾或喷水设备，可开启滴灌进行浇水，或采用沟内灌水，增加土壤湿度和棚内湿度，减缓温度下降速度，使棚内温度保持在0℃以上，降低冻害风险。如条件允许，也可用炉子加热升温。

（2）充分休眠，适时封棚，适时发芽

在覆膜后不要急于封棚、升温和催芽，建议先保持每天通风，晚上不封棚，白天棚内最高温度不超过25℃，如温度升高，要及时通风微调，使棚内温度控制在25℃以下。同时，对棚内湿度也要及时调整，单层覆膜的促早栽培葡萄，在上海地区封棚时间建议放在春节之后，以确保葡萄休眠充足、适时发芽、发芽整齐。

（四）生长季修剪

生长季修剪，也称之为夏季修剪，主要内容是主蔓引缚和新梢管理，通过调节植株营养物质的分配以控制新梢生长，调整新梢生长和果穗发育之间的矛盾，改善通风透光条件，提高光合作用，减少养分的生长消耗，使营养集中输送到果实上，并促进枝蔓生长和花芽分化，从而提高果品质量和效益。新梢管理包括绑蔓定梢、主梢摘心和副梢管理。

1. 绑蔓定梢

萌芽后需要抹去枝蔓上的萌蘖，去除明显过密的芽、弱芽和位置不好的芽。在新梢显现出花序后，去除多余的芽，按照梢距20～25厘米除去多余新梢，确定架面负载量。通过绑蔓的方式固定新梢间距，防止被风吹断，新梢长到40～50厘米开始绑缚。绑缚新梢可以使用麻绳、塑料绑丝、绑枝机等，并摘除新梢上的卷须（图3-9）。开花前枝蔓必须引绑完毕，否则影响开花坐果。

2. 主梢摘心

新梢生长一段时间后需要摘除主梢顶端生长点和部分枝叶，目的是控制顶端生长，阻止养分流失，减少落花落果，并促进枝条的健壮生长（图3-10）。不同品种

图3-9　绑蔓定梢

图3-10　主梢摘心

的摘心时间有所不同,对于容易落花落果的品种,需要花前摘心,即见花立即摘心,对于坐果率高的品种可以在谢花后摘心,减少疏果工作量。对于生长过旺的徒长枝和结果母枝上萌发的更新梢也需要摘心控制徒长。

3. 副梢管理

主梢摘心后7天左右,副梢会萌发并迅速生长,过多副梢会消耗养分并影响通风透光,所以副梢管理非常重要。主梢摘心后顶端留一个副梢延伸生长,每生长4~6片叶摘心一次,达到架面顶端铁丝(篱架)、行距中心位置或相对时(棚架),留2片叶连续摘心。主梢萌发的副梢根据品种叶片大小可以全抹或留一叶抹除,有效增加叶片面积,提高果品质量(图3-11)。

去副梢叶　　　　　　　　　　留副梢叶

图3-11　副梢管理

(五)冬季修剪

冬季修剪是指葡萄在休眠期进行修剪,不仅可以调节空间芽眼数量和负载量、结果母枝数量和长度,还可合理分布结果枝达到均匀架面枝蔓间距的目的,进而通过调节植株地上部地下部的关系、调节生长和果实之间的关系来平衡树势,最终通过更新复壮来延长葡萄植株的商品寿命(图3-12)。

1. 冬季修剪的时间

冬季修剪需要掌握修剪时间,上海地区一般落叶后进入休眠期方可进行冬季修剪,即在12月至翌年2月中旬前完成。修剪过早,枝条成熟度不够,修剪过晚,剪口愈合差,容易出现"伤流"现象。南方冬季温度较高,修剪时间要依靠枝、芽的成熟程度和计划的萌芽时间来灵活确定。

图3-12 冬季修剪

2. 冬季修剪的步骤

冬季修剪的步骤分4步。一"看",通过观察品种、树形、树势和邻株情况,确定负载量,分配结果母枝数量;二"疏",疏除局部更新的主侧蔓、病虫枝、弱枝、过密枝、萌蘖枝等;三"截",根据品种按照不同的架式和部位,确定剪截长度;四"查",修剪后查找是否有遗漏之处。

3. 剪留长度

按结果母枝的剪留长度分为极长梢(12芽以上)、长梢(8~11芽)、中梢(4~7芽)、短梢(2~3芽)、超短梢(1~2芽)修剪。在实际应用中,应根据枝条的长势、部位、作用、成熟情况等决定其剪留长度。原则上强枝长留,弱枝短留;端部长留,基部短留。此外,还应根据品种特性制定修剪方案,如结实能力强的品种基部芽眼充实度高,可采用中短梢修剪,而对生长势强、结实力低的品种多采用中长梢修剪(图3-13)。

4. 结果母枝留枝量

根据品种特性可以采取冬季时稍多留、生长季再定新梢数量或在冬剪时一次定母枝数量的方法。结果母枝的数量根据品种的结果习性、当地气候条件、目标产量

图3-13　冬季葡萄中长梢修剪

以及栽植密度等因素加以推算。

5. 枝蔓更新

结果母枝的更新一般采用双枝更新和单枝更新两种方法。

（1）双枝更新

两个结果母枝组成一个枝组，修剪时上部母枝长留，翌年结完果后去掉，基部母枝短留作预备枝，翌年在其上培养一两个健壮新梢，继续一长一短修剪，年年如此反复，保持植株结果枝数量和部位相对稳定。

（2）单枝更新

不留预备枝，只对一个结果母枝修剪，翌年再从其基部选一个新梢继续作结果母枝，上部的枝条则全去掉。中、短梢修剪时一般多采用单枝更新方法，但中长梢修剪时，应注意在基部留预留枝。

（3）老蔓更新

从植株基部的萌蘖枝或不定枝中选择合适的枝条预先培养，再逐步去掉需要更新的老蔓，用新蔓取而代之。注意不能一次更新过多大蔓，可逐年进行。

上海市果树全产业链生产技术：葡萄

上海市果树全产业链生产技术

葡萄

四

花果管理

上海地区的主栽葡萄品种大多成花容易、花序较大，如果放任不管，容易结果过多、植株负荷超载，造成大小年结果现象、果实品质下降、树体早衰、经济寿命缩短。因此，必须根据品种特性、树龄大小、架面和树势不同针对性地进行花果管理，合理负载，达到葡萄果品优质生产的目的。

（一）花序整形

1. 疏花序

新梢上花序充分呈现后，根据树龄、长势、管理水平确定出合理的产量标准，疏去过多、过密的花序，尽量选择自然下垂的花穗，并且花穗尖端扁平、有分支小穗、弯曲的花穗；去除穗尖各分支间隔过长等畸形花穗以及新梢长度在40厘米以下的弱枝上的花穗，以保证当年花序和果穗的质量与产量。为避免因温度和植物生长调节剂使用不当造成的坐果不稳定情况，可以每个新梢预留2个花穗，待坐果完成后选留坐果良好的果穗，疏除多余的果穗。

2. 花序修剪

花序修剪应该在开花前2~7天进行，即花序开始分离到花序进入初花期，整形过早开花后穗形容易紊乱，整形过晚容易浪费养分、坐果率低。花序修剪包括去副穗、掐穗尖和留穗尖等，原则是根据葡萄品种特性和市场需求进行修剪。

（1）有核品种

① 巨峰系品种

开花前3~7天进行花穗整形，剪除副穗及以下8~10个小穗去除，保留16~18个小穗（图4-1）。花穗很大时（花芽分化良好）只保留下部16~18段，不去穗尖。

② 二倍体品种

在花穗上部小穗和副穗花蕾初开时进行花穗整形。常规栽培（不用赤霉素）的花穗留先端18~20个（8~10厘米），穗尖去除1厘米。如需进行赤霉素处理增大果实，保留花穗下部16~18个小穗（开花时6~7厘米），穗尖基本不去除（或去除几个花蕾至5厘米）。

（2）无核化品种

需无核化处理的品种在开花前1周左右进行花序修剪，一般保留花序尖端的3～6厘米部分，去除花序上部所有的分枝和小穗。在尖端部分分支之间间隔过大时，可对尖端轻度截短；若为分歧穗，把其中的一个截掉；若花穗扁平、副穗较大时，可用副穗替代主穗使用。注意留好标志穗，作为植物生长调节剂处理时的参考（图4-2）。

图4-1 巨峰系品种花序整形

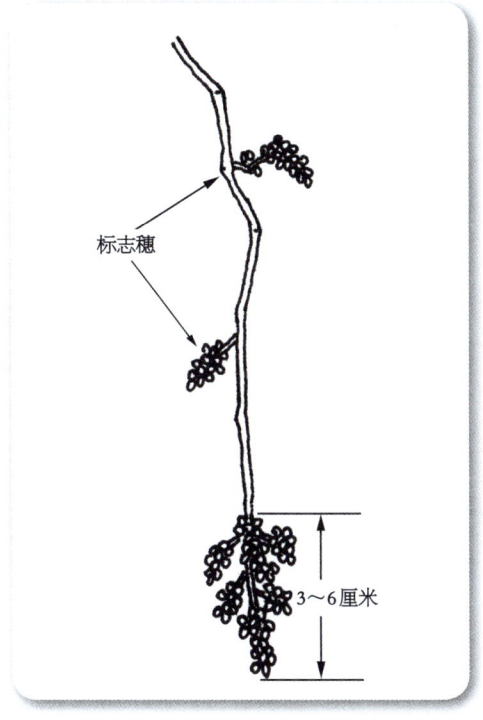

图4-2 无核化品种花序整形

（二）植物生长调节剂应用

1. 诱导无核

无核化处理是通过良好的栽培技术和植物生长调节剂的处理相结合，使得葡萄果实内原有的种子软化或者败育，达到大粒、早熟、无核、丰产、优质、高效，阳光玫瑰就是无核化操作生产中最常见的品种。大多数品种于初花至盛花后3天内用

12.5~25毫克/升赤霉素（GA_3）水溶液进行浸蘸果穗处理可有效诱导无核（图4-3）。

2. 保花保果

葡萄坐果期采用植物生长调节剂处理来提高葡萄花果的激素水平，阻止果梗离层的形成，提高坐果率。一般在落花时用12.5~25毫克/升赤霉素（GA_3）水溶液喷布或浸渍果穗，添加3~5毫克/升氯吡脲（CPPU）效果更好，但此期处理容易诱导无核；若只是为了保果，可单用3~5毫克/升的氯吡脲（CPPU）效果更好。使用时期与品种特性、开花程度、果园差异有关系，应该分批次使用，因为使用偏早，果子太多增加疏果难度，若使用偏晚，保果效果差。

图4-3　植物生长调节剂处理

3. 果实膨大

自然无核品种、三倍体品种和无核化品种需要适宜使用植物生长调节剂使果实膨大。一般在盛花后12~15天用25~50毫克/升的赤霉素（GA_3）水溶液浸渍或喷布果穗即可，若添加2~5毫克/升氯吡脲（CPPU）效果更好，可有效促进果粒增大。需要注意的是并不是所有的品种都适宜使用植物生长调节剂进行果实膨大处理，而且不同品种敏感性差异很大，处理时间和浓度不当，会产生果梗变粗、果皮变涩、成熟期推迟等副作用，所以果实膨大处理需要专业的判断和操作。

（三）果穗整形

果穗整形是将每穗的果粒按预期穗重调整到一定果粒数量的一项作业，不仅可以使果穗整齐、紧凑、大粒、均匀，还可以减少果粒之间互相挤压引起的变形和裂果情况，从而能防止落粒，便于贮运，以提高其商品价值（图4-4）。

四、花果管理

图 4-4 果穗整形

1. 整形时期

通常与疏穗一起进行，大多数品种在坐果稳定后越早进行果穗整形越好，增大果粒的效果也越明显。一般当果粒达到黄豆粒大小、小穗间彼此可以分清时即可进行。但对于树势过强且落花落果严重的品种，果穗整形时期可适当推后，因为种子的存在对果粒大小有较大影响，最好等落花后能区分出果粒是否含有种子时再进行为宜，比如巨峰、巨玫瑰等要求在盛花后15~25天完成。

2. 整形原则

根据品种特性进行适当的疏粒，对每穗果的果穗重、果粒数以及平均粒重都有一定的要求。一般而言，平均粒重在7克以下的品种，每果穗留60~100个果粒；平均粒重在8~10克的品种，每果穗留50~60个果粒；平均粒重在11克以上的品种，每果穗留35~50个果粒。

3. 整形方法

疏除果穗上的僵果、小果、畸形果、病虫果，果粒紧密的果穗可根据品种特性适当疏除部分小穗和果粒，使果穗松散，以保证果粒增长的适当空间，利于透光和果粒全面着色。

（四）产量控制

通常葡萄产量与果实品质是呈负相关的，通过果穗疏除进行定穗、定产是葡萄生产中最关键的一环。产量控制是优质生产的基础，不仅可以有效增加葡萄果实的可溶性糖含量，而且能显著促进果皮着色，提升果实风味。产量调控需要根据品种特性、树龄大小、架面、树势和土壤情况进行综合考虑。

1. 疏穗时期

果穗疏除的时间尽可能早为好，一般在坐果稳定后（盛花后约20天），能清楚看出各结果枝的坐果情况时进行，从而减少养分的浪费，以便集中养分供应果粒的生长。

2. 疏穗原则

葡萄单位面积的产量=（果穗重×果穗数）/面积，而果穗重=果粒数×果粒重。因此，可以根据目标（计划）产量和品种特性来确定单位面积的留果穗数。同时还应调整留叶量与果穗的比率，使每一穗果中的果粒尽可能地保证营养充分，否则可能出现因光合产物不足导致果品质量差的现象。一般来说1平方米的叶片可生产1千克果穗，以亩产量1 000千克为例，每串果穗就需要15～20片叶。

3. 疏穗方法

一般可将着粒过稀或过密的果穗首先除去，选留一些着粒适中的果穗，最后根据亩产量指标进行定穗。值得注意的是，疏穗要留有余地，一般根据目标产量预留

四、花果管理

1.5～2倍的果穗，最后达到1.2倍左右。上海作为我国经济最为发达的地区之一，市民的收入和消费水平都较高，对鲜食葡萄的品质有着更高的要求。本着优质才能优价的原则，上海地区高质量葡萄果品的亩产量指标见表4-1，平均每2个结果枝留果穗1～2个。

表4-1　不同类型葡萄品种的亩产量指标

类 型	代表品种	亩产量（千克）	
		一级	二级
早熟品种	夏黑	400～500	≤750
中熟品种	巨峰	500～600	750～1 000
晚熟品种	阳光玫瑰	≤800	1 000左右

（五）果实套袋

果实套袋能有效防止和减轻葡萄果实日灼和农药污染，减少病虫害以及降雨过多或不良气候条件对果穗的危害，是隔离病虫害、鸟害和外界污染的主要措施，从而保证果穗色泽鲜艳、光洁、无污染，大大提高了货架竞争力。

1. 果袋种类

葡萄套袋的种类很多，不同纸、薄膜、无纺布等材料都可以制成专用袋。塑料薄膜与专用纸结合的葡萄专用袋，不易破碎还具有较好的透光和透气性，可用于不同要求的葡萄生产中。针对不同地区和品种可以使用不同颜色的纸袋，一般葡萄品种使用白色的葡萄专用袋，白绿色品种可以使用绿色或蓝色葡萄专用袋，如阳光玫瑰等。光照强的地区红色品种使用深颜色袋，不易出现着色过深。无纺布袋透气性好，但容易产生日灼。对一些容易产生日灼的品种，可延迟套袋或采用打伞袋。

2. 套袋

套袋前应彻底疏除病果、烂果，再使用保护剂或杀菌剂喷果穗，待药水干后于

图4-5 果实套袋

当天完成套袋。一般在果穗定果后的硬核期开始套袋,套袋选择阴天或晴天下午进行,中午高温及雨后第1~2个晴天严禁套袋。套袋时先将手伸入袋中,使袋口和整个纸袋充分伸展膨胀,使果袋下角的两个通气孔完全张开,然后将果袋从果穗下部轻轻向上套,使果穗居于果袋中央,再用果袋一边的金属丝将果袋固定在穗轴上,只能转金属丝,以免扭伤果柄(图4-5)。套袋后由于受天气、肥水、病虫害的影响,需要常常对套袋果实抽样检查,发现问题及时处理,尤其是当发现有酸腐病前兆的果袋,一定要剪除并带出园区销毁。

3. 摘袋

对于上色困难的品种或者遇到日照不足的情况,须在采前2~3周内去掉纸袋,提高着色效果。摘袋需要在晴天的10:00之前和16:00之后进行,阴天全天可进行,

图4-6 提前摘袋

可先将袋底打开成灯罩状,3~5天后再将袋全部摘除,同时根据果穗着色情况适当转动果穗一两次,因为果实表面在光的刺激下会迅速增加花色苷,进而使得果实着色均匀、色泽浓艳(图4-6)。对于黄色、绿色或易着色品种可以带袋采收,即可以一边采摘一边摘袋。

上 海 市 果 树 全 产 业 链 生 产 技 术

葡萄

土肥水管理

上海地区葡萄园普遍存在地下水位高、透气性较差的问题，是制约葡萄健康生长及高质量果品生产的主要因素。土肥水管理贯穿于葡萄的整个生长发育过程，是葡萄全产业链生产中非常重要的一环。因此，通过科学合理的土肥水管理，不断提高土壤有机质含量和土壤透气性，促进葡萄根系生长发育，使其能更好地从土壤中获取养分和水分，从而培养出健壮的树势，提升葡萄树体抗性，为安全优质葡萄果品的生产奠定基础。

（一）土壤管理

1. 土壤管理方法

土壤管理制度有清耕法、覆盖法、生草法、间种法等，实际生产中可交替或多重并用。

（1）清耕法

葡萄园中不间作其他作物，结合中耕除草、追肥和秋耕等进行，常年保持土壤疏松无杂草，清耕深度一般为10~15厘米（图5-1）。

图5-1　清耕

（2）覆盖法

利用园艺地布、作物秸秆、粉碎的枝条等材料进行地面覆盖，以减少地面蒸发、抑制杂草生长。下面主要介绍园艺地布覆盖法和枝条粉碎还田覆盖法。

① 园艺地布覆盖法

园艺地布为黑色无纺布材质，根据行间宽度可自由选择地布宽度。园艺地布的优点是行间管理方便，布下遮光难生杂草；缺点是有使用年限，一般使用3～4年需更换（图5-2）。

图5-2　园艺地布覆盖

② 枝条粉碎还田覆盖法

葡萄需要每年进行修剪，且修剪量较大，将修剪下的枝条进行机械粉碎后直接还田覆盖是当前比较绿色生态的管理措施，不仅可以增加土壤有机质、增肥地力，而且可以改善土壤环境、抗旱保墒（图5-3）。然而，葡萄枝条粉碎还田会造成病虫害传播，可能带来果园病虫害反复交叉感染，而且把葡萄枝条残留物留在地上还可能会增加感染真菌疾病的风险，应加强消杀管理。

（3）生草法

葡萄园行间或全园长期生草主要分为人工种草和自然生草2种方式，应选择生长低矮但生物量较大、覆盖率高、须根性为主，无粗大主根或主根分布浅，没有与

图5-3 枝条粉碎还田覆盖

葡萄相同的病虫害，耐阴、耐践踏的草种，或是利用葡萄园自然杂草或播种矮生禾本科、豆科等植物。当草高30厘米左右时，留茬5～10厘米刈割，刈割的草可覆盖在树盘或行间，使其自然分解腐烂或结合畜牧养殖过腹还田，增加土壤肥力（图5-4）。

生草能提高土壤有机质含量，改善土壤理化性状，使土壤保持良好的团粒结构，提高土壤水分含量，调节地温，同时也能减少葡萄园管理用工，便于机械化作业。但生草栽培存在果园不易清扫、增加病虫源等问题，应加强相应管理。

图5-4 园内生草

（4）间作法

间作可提高葡萄园经济效益，应选择植株矮小、生育期短、与葡萄无共同病虫害、不与葡萄产生剧烈水养竞争、有较高经济价值的作物。常用的间作作物有草莓、西瓜、甜瓜、苜蓿、加工番茄及各种叶菜类蔬菜等（图5-5）。一般间作法在葡萄幼龄期开展，进入成龄盛果期后不应再进行间作。

图5-5　园内间作

2. 周年土壤管理措施

（1）春季土壤管理

上海地区春季葡萄园应及时进行松土、除草，以改善土壤透气性。在葡萄萌芽后宜进行地布（膜）覆盖，达到尽快提高地温、促进葡萄新梢生长的作用。

（2）夏季土壤管理

上海地区夏季易遇到高温天气，在此期间葡萄园应采用秸秆覆盖土壤或生草栽培，以降低地温与保墒，且秸秆或刈割的草腐熟后可直接翻埋到土壤中，有利于提高土壤有机质含量。

（3）秋冬季土壤管理

上海地区葡萄园秋冬季土壤管理主要结合秋施基肥进行，通过深翻土壤，尤其是采用设施栽培、葡萄采收后不揭膜的葡萄园，以降低土壤板结情况，提高土壤孔隙度，改善土壤通透性，减少园内土壤中的病虫基数。值得注意的是，秋冬季土壤深翻宜早不宜迟。土壤深翻时，要注意保护好葡萄根系，在葡萄根系1米范围内，翻耕深度在20~25厘米。同时，结合清园将所有杂草、落叶等翻埋入土。土壤深翻前，如遇天气干燥、土壤干实，需提前浇1次大水，待土壤湿润后再进行深翻。

（二）施肥管理

1. 肥料种类和施用原则

（1）肥料种类

葡萄肥料的种类按来源可分为有机肥、化肥（无机肥）和生物菌肥三种。上海地区葡萄生产中推荐使用的土壤配肥和改良物质见表5-1。

表5-1　葡萄生产推荐使用的土壤配肥和改良物质

物质类别	物质名称、组分和要求	使 用 条 件
植物和动物来源	绿肥	直接翻压
	畜禽粪便及其堆肥	满足堆肥的要求
	蔬菜收获后的残体	满足堆肥的要求
	作物秸秆	与动物粪便堆制并充分腐熟后
	干的农家肥和脱水的家畜粪便	满足堆肥的要求
	来自未经化学处理木材的木料、树皮、锯屑、刨花、木灰、木炭及腐殖酸物质	地面覆盖或堆制后作为有机肥源或覆盖物
	未掺杂防腐剂的肉、骨头和皮毛制品	经过堆制或发酵处理后
	蘑菇培养废料和蚯蚓培养基质的堆肥	满足堆肥的要求
	草木灰	
	不含合成添加剂的草炭	不得用于土壤改良；只允许作为盆栽基质使用
	饼粕	不能使用经化学方法加工的
	鱼粉	未添加化学合成的物质
矿物来源	磷矿石	应当是天然的，或是物理方法获得的，P_2O_5中镉含量≤9毫克/千克
	钾矿粉	应当是物理方法获得的，不能通过化学方法浓缩。氯的含量少于60%
	麦饭石	天然物质或来自未经化学处理、未添加化学合成物质

五、土肥水管理

续 表

物质类别	物质名称、组分和要求	使 用 条 件
矿物来源	沸石	天然物质或来自未经化学处理、未添加化学合成物质
	硼酸岩	
	镁矿粉	天然物质或来自未经化学处理、未添加化学合成物质
	黏土（如珍珠岩、蛭石等）	天然物质或来自未经化学处理、未添加化学合成物质
	钙镁改良剂	不得化学处理
	氨基酸螯合物（如氨基酸铜）	氨基酸与有益金属离子热解
微生物来源	可生物降解的微生物加工副产品，如酿酒和蒸馏酒行业的加工副产品	
	天然存在的微生物配制的制剂	

（2）施用原则

土壤有机质含量偏低是影响葡萄优质高效和肥效发挥的重要原因，因此上海地区葡萄园肥料施用原则应以测土配方施肥为依据，坚持重施基肥、有机肥为主，平衡施肥。同时，应控制化学合成肥料的使用，尤其是少用或不用硫化物、氯化物以及速效氮肥等化肥，以防造成土壤酸化和土壤板结。仅在葡萄关键生育期施用一定数量的化肥补充营养需求，但是无机氮施用总量不应超过全生育期总量的30%。

2. 基肥

（1）施肥时间及种类

上海地区9月下旬气温一般在20℃左右，在此期间葡萄根系处于第二次生长高峰，此时施基肥不仅可及时补充树体养分，还能通过施肥时的土壤管理和根系修剪，促进植株萌发新根，故秋施基肥是翌年葡萄植株生长的基础。一般早中熟葡萄在采收后的9月下旬即可施入基肥，晚熟葡萄则可以一边采收一边施基肥，最晚在10月下旬施入基肥。基肥以有机肥为主，可使用各种腐熟的农家肥和商品性有机肥（图5-6）。有机肥料的原料应经过堆制腐熟且达到有机肥腐熟标准，也可以回收利用葡萄园的枝条、落叶和杂草等废弃物补充土壤有机质和养分，所有废弃物应进行堆制并达到有机肥腐熟标准。

图 5-6　秋施有机肥

（2）施肥方式

沟施：宜每年结合行间扩穴深翻进行，离葡萄主干＞60厘米处，沿定植沟挖宽40～50厘米、深40～50厘米的条状沟施入。每年在定植沟两侧轮流开沟施肥，连续3年开沟深施后进行1年开沟浅施，施肥后浇透水1～2次。

撒施：可先把穴面表土挖出10～15厘米厚的一层，然后把有机肥料均匀撒入池面，再深翻20～25厘米厚的一层，把肥料翻入土中，最后用表土回填。也可把腐熟的有机肥均匀撒入穴面，深翻20～25厘米。

（3）施肥量

有机肥施用量根据当地土壤情况、树龄、结果量等情况而定，一般以果、肥质量比1∶2为参考，每亩施入量2 000～3 000千克，同时可每亩增施50千克过磷酸钙、腐熟的骨粉、豆菜饼肥或生物菌肥（≥2亿菌落形成单位/克枯草芽孢杆菌等复合菌、有机质≥60%等）。土质板结、酸化较重土壤，可每亩增施生物炭肥100千克。

3. 追肥

（1）施肥时间及种类

适量追肥一般在萌芽前后、幼果发育期、果实转色期等生长发育关键时期，一年追施3～4次。萌芽前以氮、磷为主,根据品种树体酌情施用,旺长树不追施。果实膨大期和转色(熟)期以磷、钾为主。微量元素缺乏地区,依据缺素的症状增加追肥的种类或根外追肥。也可用生物菌肥、发酵豆菜饼肥以及黄腐酸钾肥等替代或减少三元复合肥、磷酸二铵、硫酸钾等化肥。

(2) 施肥方式

① 土施追肥

宜沟施,上海地区葡萄园一般在葡萄植株周围挖环状浅沟,任何时候均避免表面撒施,施肥后覆土浇水(图5-7)。

② 叶面喷肥

叶面追肥一般使用浓度为0.2%的磷酸二氢钾或腐殖酸进行喷施,喷施时间以无风的早晨和傍晚为好,避开高温高光照时段,防止喷施溶液蒸发过快,引起伤害。均匀喷施叶片正反两面,尤其是叶背面不能遗漏,以利于叶面肥料的吸收。

(3) 施肥量

① 萌芽肥

每亩施氮、磷、钾三元复合肥20千克左右或施用一次100～200倍蚯蚓肥。

② 膨大肥

每亩施氮、磷、钾三元复合肥15～25千克或发酵豆菜饼肥50～60千克。

图5-7 土施追肥

③ 着色肥

每亩施硫酸钾肥30～40千克或矿物源钾肥15千克。若此期间葡萄树势较弱，可每亩加施氮、磷、钾三元复合肥10千克左右。

④ 采后肥

若葡萄树势较弱，可在9月上旬每亩施氮、磷、钾三元复合肥10～15千克。

⑤ 叶面肥

在果实转色期喷施浓度为0.2%的磷酸二氢钾，施用量以叶片正反两面湿润为宜。或分别在新梢生长期、果实膨大期、果实软化期和采收后各喷施一次腐殖酸叶面肥，用量为每亩2千克。

4. 绿肥

（1）施肥时间及种类

种植绿肥可增加土壤有机质含量，改良土壤理化性状。上海地区葡萄园推荐种植豆科绿肥，如光叶苕子、毛叶苕子、箭筈豌豆、白三叶草等，也可种植黑麦草、二月兰等禾本科和十字花科作为绿肥。

（2）施肥方式

光叶苕子、毛叶苕子、箭筈豌豆在杂草少的果园可以不旋耕、不除草，在土壤湿润的情况下均匀撒播于距离树干0.5米以外的行间（或全园撒播）。如果园杂草生长茂密可在播前采用机械或人工割草后撒播。三叶草、紫云英、二月兰、黑麦草等由于绿肥种子小，播前需清除杂草、旋耕平整土地，按照沙土与种子2∶1的比例混匀后均匀撒播。三叶草、紫云英、二月兰播种后的前2个月应加强除草管理。绿肥有以下两种利用方式：

① 刈割覆盖或翻盖还园

在绿肥盛花期或旺长期（冬绿肥为翌年3—4月），将绿肥刈割后覆盖于果树树盘及行间，或者结合果园施肥将绿肥翻压于施肥沟或行间，翻压深度以15～30厘米为宜。

② 自然枯萎覆盖

前期让绿肥自然生长，开花结实、自然枯死覆盖于行间，种子落地后，成为下一季绿肥新的种源。

（3）施肥量

不同绿肥种类种植播量和播期见表5-2。

五、土肥水管理

表5-2 上海葡萄园主要绿肥种植技术和特性

绿肥种类	种植技术和特性
光叶苕子 毛叶苕子	播期：9月中下旬至10月上旬播种 播量：每亩2千克左右 播种方法：杂草少的果园在土壤湿润时行间撒播，杂草茂密的果园播前采用机械或人工割草后于土壤墒情好时行间撒播，不用接种根瘤菌，种植轻简 养分含量：N（31±4.2）克/千克，P_2O_5（8.5±2.9）克/千克，K_2O（20±9.3）克/千克
箭筈豌豆	播期：9月中下旬至10月上旬播种 播量：每亩3~4千克 播种方法：杂草少的果园在土壤湿润时行间撒播，杂草茂密的果园播前采用机械或人工割草后于土壤墒情好时行间撒播，种植轻简 养分含量：N（30±3.4）克/千克，P_2O_5（7.8±1.3）克/千克，K_2O（15±6.0）克/千克
山黧豆	播期：9月上旬播种 播量：每亩3~4千克 播种方法：杂草少的果园在土壤湿润时行间撒播，杂草茂密的果园播前采用机械或人工割草后于土壤墒情好时行间撒播，种植轻简 养分含量：N（33±1.9）克/千克，P_2O_5（8.3±1.1）克/千克，K_2O（34±2.0）克/千克
白三叶草	播期：周年均可种植，最适宜播期为9月中下旬至10月上旬 播量：每亩1.5千克左右 播种方法：播前需要清除杂草、旋耕平整土地。在未种植过三叶草的果园，播前需接种根瘤菌，均匀撒播于平整湿润的果园行间，在播种后的前2个月需要除草管理。三叶草为多年生绿肥品种，一次播种后可以覆盖生长3~5年，适宜种植在土层较厚的果园 养分含量：N（37±5.2）克/千克，P_2O_5（7.9±1.2）克/千克，K_2O（38±1.3）克/千克
紫云英	播期：9月上中旬播种 播量：每亩1.5千克左右 播种方法：播前需要清除杂草、旋耕平整土地。在未种植过紫云英的果园务必用紫云英专用根瘤菌进行拌种，然后均匀撒播于平整湿润的果园行间，在播种后的第1个月需要加强除草管理。紫云英具有生长快速、观赏性好，可以在观光果园作为景观绿肥种植的特点 养分含量：N（29±4.8）克/千克，P_2O_5（7.2±1.9）克/千克，K_2O（32±8.6）克/千克
黑麦草	播期：可以秋播和春播，最适宜播期为9月中下旬至10月上旬 播量：每亩1.5~2.0千克 播种方法：播前需要清除杂草、旋耕平整土地。均匀撒播于平整湿润的果园行间 养分含量：N（28±7.0）克/千克，P_2O_5（5.5±2.4）克/千克，K_2O（20±3.4）克/千克
二月兰	播期：9月中旬播种 播量：每亩1.5~2.0千克 播种方法：播前需要清除杂草、旋耕平整土地。均匀撒播于平整的果园行间。播后第1个月加强除草管理 养分含量：N（25±6.6）克/千克，P_2O_5（8.5±1.9）克/千克，K_2O（39±1.7）克/千克

5. 水肥一体化技术

（1）施肥时间及种类

一般在萌芽前后、幼果发育期、果实转色期等生长发育关键时期进行，一年施用3~5次。萌芽前以氮、磷为主，果实膨大期和转色（熟）期以磷、钾为主，同时应及时补充钙肥，以免葡萄生长后期发生裂果。应用水肥一体化设备施肥应选用溶解率高、不溶物含量低、溶解速度快的肥料，如腐殖酸、黄腐酸等液体肥和水溶性化肥等。

（2）施肥方式

施肥应与灌水相结合，最好做到有水必有肥、肥随水下。将溶解后的肥料加入施肥装置，滴灌结束前30分钟施入，追肥时需将肥料完全溶解，并清除肥液中的杂质。此外，为预防滴孔堵塞，需定期清理过滤装置，施肥装置上添加肥料的孔在不用时必须封闭。

（3）施肥量

一般在葡萄生长期间每亩施氮、磷、钾三元平衡型水溶肥4~5千克，且施用2~3次，在葡萄成熟期施高钾型配方肥1~2次即可，每亩施用5~10千克。

（三）水分管理

1. 鲜食葡萄的需水特性

葡萄植株需水有明显的阶段特异性，从萌芽至开花对水分需求量逐渐增加，开花后至开始成熟前是需水最多的时期，幼果第一次迅速膨大期对水分胁迫最为敏感，进入成熟期后，对水分需求逐渐变少、变缓。因此，上海地区葡萄园水分管理应根据葡萄的需水规律和土壤相对含水量等关键参数进行灌溉。

2. 灌溉方式

以节省水分和劳动力的微喷灌、滴灌、膜下滴灌等节水灌溉方式为宜。

3. 水分管理措施

（1）春夏季节

在葡萄覆膜前浇足水催芽，以保持土壤湿润，有利于葡萄萌芽整齐，新梢生长期适当控水。一般萌芽至开花前土壤相对含水量70%～80%为宜。

在葡萄初花期至末花期的10～15天的时间内应停止供水，否则易因灌水引起大量落花落果，出现大小粒及严重减产。一般开花期间土壤相对含水量60%～70%为宜。

在葡萄植株坐好果后应及时浇水，以利于果实快速膨大。其中，幼果膨大期结合追肥，间隔7～10天浇2次中水，要求浇透深20厘米左右的土壤。一般坐果至转色期间土壤相对含水量65%～75%为宜。

在葡萄果实进入成熟期后应注意控水，以利于提升果实糖度和风味。但遇到高温天气，需小水勤浇，以防葡萄果实软化，切忌灌大水，避免裂果。一般转色至成熟期间土壤相对含水量55%～65%为宜。

（2）秋冬季节

在葡萄采收后，结合秋施基肥浇足水分，可延迟叶片衰老，促进树体养分积累和新梢及芽眼的充分成熟。遇到天气干旱时，需要及时浇水，尤其是在葡萄休眠期，应防止土壤过度干旱。一般采收至落叶期间土壤相对含水量55%～70%为宜。

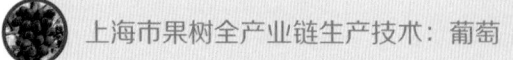
上海市果树全产业链生产技术：葡萄

上 海 市 果 树 全 产 业 链 生 产 技 术

葡萄

六

有害生物及逆境防控

有害生物及逆境防控是以保证葡萄安全生产、减少化学农药使用量为前提，采取生态控制、生物防治、物理防治、科学用药等环境友好型措施来防控有害生物发生以及减轻逆境伤害，有助于促进生产安全、质量安全、生态安全和贸易安全，从而达到葡萄绿色、安全、优质生产的目标。

（一）主要有害生物防控

葡萄是上海四大主栽果树中产业发展最快、经济效益最好的树种，同时上海地区葡萄的设施栽培技术也引领了我国葡萄产业的发展。然而，随着栽培年限的增加导致葡萄有害生物的种类随之增多，直接影响葡萄的产量、品质和市场供应。目前，上海地区常见的葡萄有害生物有灰霉病、白粉病、炭疽病、霜霉病、蚜虫、绿盲蝽以及鸟害等，给葡萄生产造成的经济损失严重。

1. 主要病害

根据病害发生规律强化监测预警，在积极采用农业防治、生态调控、物理防治基础上，选择矿物源农药防治和生物防治，结合高效低毒低残留的化学药剂防治，从而能防止化学农药抗药性、果品农药残留以及环境污染。

（1）葡萄灰霉病

灰霉病是对上海地区葡萄危害最大的病害之一。葡萄灰霉病不仅是产后贮藏过程中的常见病害，更是生产中极具危害性的病害。该病侵染葡萄叶片、花序和果实，造成大批落果，甚至绝收，对葡萄生产极具威胁。

① 发病症状及规律

新梢和幼叶被侵染后形成淡褐色或红褐色不规则病斑，随后形成褐色腐烂。花序和幼果感病后会形成水渍状病斑，随后呈褐色软腐，导致大量落花落果。成熟期果穗出现症状为果面出现褐色凹陷病斑，扩展后整个果实腐烂，并着生鼠灰色的霉层（图6-1）。上海地区一般在春季葡萄花期时易发病，尤其是遇到连续阴雨、空气湿度大，会形成一个发病高峰，严重危害花及幼果，果实成熟阶段主要危害果实。

② 防治措施

农业防治：加强栽培管理，提高抗病力；覆盖地布（膜），降低棚内湿度；合理修剪、合理留枝、合理负载，确保通风透光。

六、有害生物及逆境防控

图6-1　葡萄灰霉病

化学防治：在发病前或初期可以喷施400克/升嘧霉胺悬浮剂1 000～1 500倍液、20%腐霉利悬浮剂400～500倍液、500克/升异菌脲悬浮剂750～1 000倍液、50%啶酰菌胺悬浮剂500～1 000倍液、50%嘧菌环胺水分散粒剂700～1 000倍液或2亿孢子/克木霉菌200～300克/亩等药剂进行防治。

（2）葡萄白粉病

① **发病症状及规律**

果实、叶片和新梢等绿色部分均可受害，以果实受害损失最大。果实受害时先在果粒表面产生一层灰白色粉状霉，擦去白粉，表皮呈现褐色斑纹，最后表皮细胞变为暗褐色（图6-2）。叶片受害时会在表面产生一层白色霉层，后逐渐蔓延到整个叶片，严重时病叶卷缩枯萎。新梢受害初期呈现灰白色小斑，后扩展蔓延至整个枝梢发病，病斑由灰白色变成灰色，最后呈现黑色。在上海地区一般6月开始发病，7月中下旬至8月上旬发病达盛期，9—10月停止发病。

② **防治措施**

农业防治：加强栽培管理，提高抗病力。疏剪过密枝叶和绑蔓，保持良好的通风透光条件，确保树势健壮。清除病残体，集中烧毁或深埋，减少病源污染，保持果园清洁。

化学防治：在发病前或初期可以喷施30%氟菌唑可湿性粉剂15～18克/亩、30%氟环唑悬浮剂1 600～2 300倍液、36%甲基硫菌灵800～1 000倍液、50%肟菌酯水分散粒剂1 500～2 000倍液或10%多抗霉素可溶粒剂800～1 000倍液等药剂进行防治。

图6-2　葡萄白粉病

（3）葡萄霜霉病

① **发病症状及规律**

葡萄霜霉病主要为害叶片、新梢和幼果。叶片被侵染处先产生淡黄色水浸状小斑点，随后逐渐扩大成不规则形或略成圆形的褐色大斑，叶背产生白色霜霉状物，严重时整叶干枯并导致脱落（图6-3）。新梢受害处生出水浸状褐色斑，严重时新梢扭曲，停止生长甚至枯死。幼果受害后产生油浸状淡褐色斑，表面覆灰白色霉层，易萎缩脱落。上海地区一般在春、秋季多雨、多露和低温时此病易发生，6月的梅雨季节为发病盛期。

② **防治措施**

农业防治：避雨栽培，控制湿度；加强枝梢管理，保持良好的通风透光环境；及时清洁果园，清除落叶病叶。

化学防治：在发病前或初期可以喷施80%波尔多液可湿性粉剂300～400倍液、40%烯酰吗啉悬浮剂1 500～2 000倍液、80%代森锰锌可湿性粉剂500～800倍液、

图6-3　葡萄霜霉病

33.5%喹啉铜悬浮剂750～1 500倍液或3亿CFU/克哈茨木霉菌200～250倍液等药剂进行防治。

（4）葡萄黑痘病

① **发病症状及规律**

主要为害幼果、新梢、叶片及卷须等绿色幼嫩部分。幼果受害，先于果面出现褐色小圆斑，随后逐渐扩大，最后病斑中央呈灰白色，病果味酸，无法成熟。新梢、卷须、叶片和果柄受害时，初呈褐色圆形或不规则形小斑点，后扩大为近椭圆形褐色或黑色小点，病梢停止生长，枯萎变干变黑（图6-4）。在上海地区一般幼果期、湿度大时发病重。秋季气温降低，遇阴雨时发病再次严重。

图6-4 葡萄黑痘病
（李智提供，西北农林科技大学）

② **防治措施**

农业防治：秋季修剪后彻底清扫枯枝落叶，减少菌源。合理增施钾肥，增强树势，提高抗病力。科学修剪，架面保持良好的通风透光条件。

化学防治：在发病前或初期可以喷施70%代森锰锌可湿性粉剂438～700倍液、250克/升嘧菌酯悬浮剂830～1 250倍液或40%噻菌灵可湿性粉剂1 000～1 500倍液等药剂进行防治。

(5) 葡萄炭疽病

① 发病症状及规律

主要为害接近成熟的果实、果梗和穗轴。果实感病后，先在被侵染处产生褐色小圆斑点，随后逐渐扩大并凹陷，表面形成同心轮纹状排列整齐的小黑点，病斑可扩展到整个果面，病果逐渐干缩成僵果，严重时整穗干缩成僵果（图6-5）。在上海地区一般谢花后半月（即5—6月）开始发生，至7—8月，由于果实大量成熟，雨热同期，该病进入发病盛期，是全年危害最严重的时段。

② 防治措施

农业防治：及时清除病穗、病果等，以减少菌源。加强栽培管理，使架面通风透光。增施磷钾肥，控制氮肥用量。

化学防治：在发病前或初期可以喷施40%腈菌唑可湿性粉剂4 000～6 000倍液、16%多抗霉素B可溶粒剂2 500～3 000倍液、或20%抑霉唑水乳剂800～1 200倍液等药剂进行防治。

图6-5 葡萄炭疽病

(6) 葡萄白腐病

① 发病症状及规律

果梗和穗轴上发病处先产生淡褐色水浸状近圆形病斑，后期病部变褐干枯，致果实发白软烂，呈褐色或灰白色僵果（图6-6）。枝蔓上发病初期呈现水浸状淡褐色病斑，形状不定，病斑多纵向扩展成褐色凹陷的大斑，表皮生灰白色分生孢子器，呈颗粒状，后期病部表皮纵裂与木质部分离，表皮脱落，维管束呈褐色乱麻状，当病斑扩及枝蔓表皮一圈时，其上部枝蔓枯死。叶片发病多发生在叶缘部，初生褐色

图6-6 葡萄白腐病
（张颖提供，中国农业科学院郑州果树研究所）

水浸状不规则病斑，逐渐扩大略成圆形，有褐色轮纹。在上海地区一般高温、高湿多雨的季节病情严重，雨后出现发病高峰。近地面处以及在土壤黏重、地势低洼和排水不良条件下病情严重，杂草丛生、枝叶密闭或湿度大时易发病，偏旺和徒长植株易发病。

② **防治措施**

农业防治：抬高结果部位，及时除草，注意排水，对徒长植株花前严禁施用氮肥。及时进行葡萄园清理，彻底清除病枝蔓、病穗和病叶。

化学防治：在病害发生前或初见零星病斑时可以喷施70%代森锰锌可湿性粉剂438～700倍液、250克/升戊唑醇水乳剂2 000～3 300倍液或250克/升嘧菌酯悬浮剂8 330～1 250倍液等药剂进行防治。

（7）葡萄酸腐病

① **发病症状及规律**

通常是由醋酸细菌、酵母菌、多种真菌、果蝇幼虫等多种微生物混合引起的。酸腐病属于二次侵染病害，首先是由于伤口的存在，从而成为真菌和细菌存活和繁殖的初始因素，并且引诱醋蝇来产卵。发病时会有长4毫米左右的醋蝇出现在烂果穗周围，同时伴随醋酸味并能观察到正在腐烂、流汁液的烂果，在果实内可以看到白色的小蛆。果粒腐烂后，腐烂的汁液流出，会造成汁液流过的地方（果实、果梗、穗轴等）腐烂，最终导致果粒干枯，只剩果实的果皮和种子（图6-7）。在上海地区一般果实成熟阶段发病严重，机械损伤（如风、蜂、鸟等造成的伤口）或病害（如白粉病、裂果等）造成的伤口容易引来病菌和醋蝇，从而造成发病。雨水、喷灌和浇灌等造成空气湿度过大、叶片过密、果穗周围和果穗内的高湿度会加重酸腐病的发生和危害。

② **防治措施**

农业防治：葡萄园要经常检查，发现病粒并及时摘除，集中深埋。增加果园的通透性、合理密植。在葡萄成熟期控制水

图6-7 葡萄酸腐病

分，避免发生裂果。合理使用激素类药物，避免果皮伤害和裂果。合理疏粒，避免果穗过紧。合理使用肥料，尤其避免过量施用氮肥等。

物理防治：悬挂果蝇诱捕器诱杀黑腹果蝇来控制酸腐病的发生，也可以将疏下来的病果粒、裂果经10%吡丙醚500倍液＋10%高效氯氰菊酯500倍液浸泡8～10分钟后倒入小水盆，悬挂至果园中诱杀醋蝇，减少酸腐病的传播介体。

化学防治：目前还没有有效防治葡萄酸腐病的化学药剂，一般生产上主要是使用一些广谱性的杀菌剂，如从封穗期开始喷80%波尔多液400倍液，10天左右喷一次，连续3次。

2. 主要虫害

葡萄规模化种植后，往往虫害种类也随之增多，虫害的防治难度也在增加。广谱化学农药的过度使用，容易使害虫产生抗药性、影响果品安全和污染环境。因此，虫害的综合防治应优先使用农业防治、物理防治、生物防治等手段，化学防治遵循"生产必需、防治有效、安全为先、风险最小"原则，选择低毒低残留的药剂防治，严格执行安全用药和采收间隔期。

（1）葡萄蚜虫

① 发生规律

葡萄蚜虫主要出现在葡萄叶背面、新梢及花序上，吸食幼芽体内汁液，使叶片呈现红色或黄色小斑点，然后逐渐变白卷缩。严重时引起落叶，影响花芽形成及产量。虫卵孵化快，常躲新梢、花序及果穗内部且蚜虫排出的粪便易传播病毒，抑制葡萄生长，并引来蚂蚁为害果实（图6-8）。在上海地区一般4—5月是蚜虫为害盛期。

② 防治方法

农业防治：冬季清除枯枝落叶，刮除粗老树皮，剪除被害枝梢，集中烧毁。

物理防治：利用蚜虫的趋色特性，通

图6-8 蚜虫为害症状

过悬挂黄板进行诱杀，有效减少农药的使用。黄板有商品出售，也可自行制作，纸板或纤维板正反两面涂上黄色，干后再涂凡士林+机油，大小一般为30厘米×20厘米。用绳子或铁丝穿过色板的2个悬挂孔，将其拉紧，垂直悬挂在棚架铁丝上，一般每亩悬挂20～30块（图6-9）。

图6-9　虫害的物理防治方法

生物防治：蚜虫的天敌很多，如瓢虫、食蚜蝇、草蜻蛉、寄生蜂等，对蚜虫都具有很强的抑制作用，因此可以通过释放瓢虫、食蚜蝇等捕食性天敌进行防治。同时要尽量少喷洒广谱性杀虫剂和避免在天敌多的时期喷洒，以保护天敌，利用天敌消灭蚜虫，从而实现绿色葡萄生产，降低对果品及环境的污染。

化学防治：在虫害发生初期用1.5%苦参碱可溶液剂3 000～4 000倍喷施，可达到防治葡萄蚜虫的效果。

（2）葡萄绿盲蝽
① 发生规律

主要为害葡萄幼芽、幼叶、花蕾和幼果，幼叶受害后先出现点状褐色，随后小点变成不规则的多角形孔洞。花蕾受害后即停止发育，枯萎脱落。幼果受害初期表

面呈现不明显的黄褐色小斑点,随着果粒生长,小斑点逐渐扩大呈黑色,受害部位皮下组织受阻,渐趋凹陷,影响葡萄产量和品质（图6-10）。由于叶片症状与病毒病、药害相似,同时果实危害症状与黑痘病相似,会导致虫害不易被发现最终耽误防治。上海地区一般在早春葡萄发芽后至幼果期危害较重,由于其适宜生活在气温20℃左右、相对湿度80%左右的环境中,因此,降雨过多和大棚潮湿环境有利于其繁殖且葡萄树下半部通风差的枝条比上半部枝条更容易发生虫害。

图6-10　绿盲蝽为害症状

② **防治方法**

农业防治：做好葡萄园清园工作,在早春及时清除地边、果园、沟内的杂草,集中深埋或烧毁,控制越冬卵的孵化。在葡萄采收后仍要控制好园内的杂草,减少葡萄绿盲蝽产卵的场所,降低虫卵基数和虫卵的孵化率。

物理防治：利用绿盲蝽成虫的趋光性进行诱杀,可每15~30亩安装20瓦频振式杀虫灯1个,在4月底至10月底每日傍晚开灯、清晨关闭。应每周清理一次收集袋中虫体,6—8月诱杀高峰期宜每周清理两次（图6-9）。

化学防治：在葡萄萌动后至绒球期,喷施4~5波美度的石硫合剂消灭越冬卵和初孵若虫,喷施的范围包括葡萄枝蔓、架材、立柱和表层土壤等（图6-11）。在虫害发生初期选择喷施22%氟啶虫胺腈悬浮剂1 000~1 500倍液或1%苦皮藤素水乳剂30~40毫升/亩进行防治。

（3）葡萄蓟马

① **发生规律**

葡萄蓟马以锉吸式口器吸取幼果、嫩叶和新梢

图6-11　石硫合剂喷施

表皮细胞的汁液。葡萄幼果被害后会失水干缩，形成小黑斑，影响果粒外观，降低商品价值，严重时可引起裂果（图6-12）。叶片受害后先出现褪绿的黄斑，后叶片变小、卷曲、干枯，有时还出现穿孔，同时被害的新梢生长受到抑制。葡萄蓟马每年发生3～4代，以成虫在葡萄植株或杂草残株上越冬。上海地区一般在葡萄展叶后开始危害树体，10月以后减轻。蓟马怕阳光，因此早晚或阴天发病较为严重。

② **防治方法**

农业防治：冬春清除果园内杂草和枯树落叶，9～10月和早春集中烧毁枯枝败叶，以减少越冬虫源。加强肥水管理、增强树势、改善光照条件等措施对蓟马有一定的抑制作用。

图6-12　蓟马为害症状

物理防治：通过悬挂蓝板进行蓟马诱杀，生态环保且效果好，一般每亩悬挂20～30块。

生物防治：通过保护或释放捕食螨、寄生蜂等捕食性天敌可有效控制蓟马的发生。

化学防治：在虫害发生初期选择喷施25%噻虫嗪水分散粒剂4 000～5 000倍液进行防治，采用喷雾的方式对葡萄果实、叶片正反面均匀施药。

（4）葡萄红蜘蛛

① **发生规律**

葡萄新梢受害后，表皮产生黑褐色小颗粒状突起，叶片受害先是在叶脉两侧呈现褐色锈斑，严重时叶片失绿变黄；果实受害最初出现铁锈色斑，果面粗糙龟裂、变硬，果实停止生长，影响果实的着色及成熟（图6-13）。葡萄红蜘蛛为害从散生到密集，最适发育温度为29℃左右，空气相对湿度为80%～85%，一般在7—8月此期繁殖最快，虫口密度最大。

② **防治方法**

农业防治：刮除葡萄枝蔓老皮，集中烧毁，消灭越冬成虫。葡萄生长季节适时进行疏枝、疏叶，以利于通风透光，结合药剂防治，以达到良好的防效。

化学防治：萌芽前可用4～5波美度石硫合剂，加0.2%～0.3%的洗衣粉淋洗式喷布，以药液渗进芽鳞绒毛和枝蔓缝隙为宜，可有效杀灭虫害。在开花后红蜘蛛越冬卵开始孵化至孵化结束期间，可用0.2～0.3波美度石硫合剂、或0.3%苦参碱水剂200～400倍液喷雾进行防治，以整株树叶喷湿为宜。

（5）葡萄天牛

① 发生规律

葡萄虎天牛的初孵幼虫多在芽附近蛀食入皮下，稍长大后蛀入木质部，不久被害处表皮变黑，外表略隆起。幼虫多向枝梢方向蛀食，被害部位易折断，或枯萎，严重时会造成一定的经济损失（图6-14）。上海地区一般在春季为害较重。

② 防治方法

农业防治：及时夏剪和冬剪，除去有虫枝蔓，集中烧毁或深埋。葡萄萌芽前检查结果母枝的枝节部位（特

图6-13　红蜘蛛为害症状

图6-14　葡萄天牛

别是芽基部位），发现变黑的斑纹，用小刀削开皮下，捕杀幼虫。葡萄生长期要勤观察虫情发生情况，及早发现、及早防治。利用成虫迁飞能力弱的特点可人工捕捉成虫，一般在8—9月早晨露水未干前捕捉效果较好。

3. 鸟害

随着生态及环保意识的不断增强，上海地区果园内活动的鸟类种群规模明显增加，一定程度上加重了鸟害的发生程度。鸟类在葡萄园的取食不仅对葡萄果穗造成直接危害，而且会间接引起诸如酸腐病的加重，最终导致葡萄腐烂、产量降低、品质变劣。一穗葡萄上如果有少数果粒被啄伤，整穗果实的品质会明显下降，直接影响葡萄园的经济效益。

（1）葡萄园常见鸟类

在葡萄园中活动的鸟类有很多种，不同的地区和季节鸟的种类、种群结构和活动规律会有所不同，在上海地区，山雀、白头翁等是对葡萄影响较大的鸟类。

（2）鸟害发生规律

相比其他类型的葡萄，鲜食葡萄上鸟害发生最为严重，尤其是大粒、甜度高、颜色鲜艳、皮薄的葡萄品种，鸟类更易啄食。在整个葡萄果实发育阶段，夏季修剪后果穗外露的季节，鸟类危害会更加严重。此外，邻近形成良好鸟类栖息条件的葡萄园，如树林旁、河旁和以土木建筑为主的村舍旁，鸟害发生会较为严重。最后，葡萄栽培架式不同受鸟害影响程度也不同，如棚架式葡萄园对架内果穗有一定的遮挡作用，篱架式葡萄园的鸟害明显重于棚架的，外露在棚架上的果穗更易受到鸟类的危害。

（3）鸟害防控措施

当前，还没有任何一种防鸟技术是可以达到完全防止鸟害的。早期防鸟措施大多采用捕杀、化学药剂毒死等手段，而大多数葡萄园鸟类是益鸟，在非为害季节可以捕食果园害虫，随着人们生态意识的提高，捕毒式的防治方法被人们逐渐摒弃。因此，在保护鸟类的前提下，尽可能防止或者降低鸟类对于葡萄产业的危害，是葡萄园防控鸟害的基本原则，通过综合利用多种防鸟技术，达到高效生产绿色优质葡萄的目的。

① 隔离防鸟技术

果穗套袋：葡萄果穗套袋是最简便的防鸟害方法，不仅可以保护果穗不受病虫、农药、尘埃等的影响，也可以有效防止体型较小的鸟、蜂等动物为害果穗，但体型较大的大嘴巴鸟类常能啄破纸袋啄食果粒，尤其在果袋质量较差的情况下。所以应使用具有较大强度、耐风吹雨淋、不易破碎、经国家专门机构注册的葡萄专用袋。

图6-15 防鸟网

防鸟网：防鸟网是采用聚乙烯为材料添加助剂制成的丝网。通过搭建支架将防鸟网覆盖在葡萄设施棚外，起到隔离鸟雀、减少危害果穗的作用（图6-15）。防鸟网对鸟雀无危害，环保无污染。

② 驱逐防鸟技术

恐吓性驱逐：采用点放爆竹、播放鸟的"惊叫"和"鹰叫"等方式驱逐害鸟。这种传统驱鸟方式费工费时，效果较差。

物理驱逐：在葡萄园悬挂耀眼的彩带、废旧光盘或在地面铺设反光膜，利用反射的光线使害鸟短期内不敢靠近。

驱鸟剂驱逐：通过刺激鸟类的味觉感官达到驱鸟目的，同时对鸟类没有伤害。驱鸟剂具有持效期较长，功能稳定，使用方便的特点。使用时悬挂在葡萄树上可有效保护果实。

声波驱逐：声波驱逐是一种新型的驱鸟技术，包括超声波驱鸟器和冲击波驱鸟器。超声波驱鸟器采用的超声波频率高于2×10^4赫兹，播放干扰鸟类听觉频率范围内特定的超声波脉冲，可以驱赶一定保护范围内的鸟类，一般有效范围半径为200米。冲击波驱鸟器是一种将冲击炮、集束强声、滚频超声波等技术整合为一体的驱鸟装置，多用于面积较大的葡萄园的驱鸟，驱鸟效果和有效时间优于单一的超声波驱鸟，能有效驱赶有效范围内90%以上的鸟类。

（二）主要逆境灾害防控

葡萄是上海市的优势果树之一，但由于全球气候变化的不确定性和极端性导致气象灾害频繁发生。目前上海葡萄产区发生的灾害性天气主要有春季冷害、夏季高温和成熟期台风等，给本地区葡萄生产带来极大影响。

1. 台风

上海地区的台风以夏秋季节的7—9月为主，而此时正值葡萄成熟上市的季节。当台风登陆或严重影响时，不仅风力大对葡萄及其设施造成了严重破坏，而且常伴随大暴雨，易引起洪水与涝灾，严重时葡萄园叶片全部刮落、果穗刮烂、植株刮倒、受淹，同时也会严重影响花芽分化，对当年及翌年的葡萄产量和品质影响很大。因此，台风成了制约上海葡萄生产的主要逆境灾害之一（图6-16）。

（1）台风前紧急措施

① 密切关注

及时收听、收看或上网查阅台风预警信息，密切关注台风动态，做到提前介入。

② 灾前抢收

抢收已成熟的葡萄，减轻落果等造成的损失，并做好采收葡萄的储藏保鲜等工

图6-16 台风危害

作，以延长市场供应。采收完毕的设施葡萄园最好拆除薄膜，确保棚架的安全。

③ **灾前加固**

加固葡萄棚、架和枝蔓，以防台风或暴雨后倒塌压坏树枝、树干。对抗风能力强的设施大棚做好加固工作，检查压膜绳是否松懈，台风来临时放下边膜，关闭棚门，收起遮阳网。简易大棚、避雨棚等抗风能力弱的设施大棚有可能拆除薄膜，确保棚架的安全。台风来临时确保生产者安全前提下随时检查设施情况，紧急情况下可割膜保棚。

④ **疏通沟渠和检修排水设施**

开好田间排水沟，确保排水顺畅。容易内涝地区，台风前要检修电力、泵系，确保随时可以启动排水。

⑤ **人员撤离**

台风登陆期间，田间作业人员撤离，保证人员安全。

（2）台风后补救措施

① **扶正树体，修固设施**

台风过后，很多葡萄树体被风刮倒、叶片刮落，大棚设施和葡萄架式倒地，尤其毛竹大棚设施受损严重，要及时扶正树体绑缚，清除葡萄园病株、枯枝与烂果，修缮加固大棚设施。棚架完好仅薄膜受损的葡萄园，先清除破损的薄膜，再重新覆盖。对棚架倾斜的但内部支柱基本完好的设施，用葫芦机整排连体往回拉，重新深扎地锚、填实支柱、修正拱棚等，严重损毁的应拆除重新搭建。

② **排涝松土，防治病虫**

台风伴随的暴雨带来大量降水，葡萄园往往会严重淹水，长期积水会造成葡萄植株死亡，因此台风过后需及时疏通沟渠，清理排水沟内淤积的杂物，确保各排水沟及种植沟等连接及排水通畅，并借助水泵等尽快排出园内积水，加速表土干燥。同时揭除地膜，及时翻耕松土，增加土壤通气性，以利葡萄根系呼吸，促发须根，避免叶片黄化。台风过后避免地面急施肥料。葡萄受灾后，树体、枝叶、果实伤口多，易受病害侵染，应及时加强葡萄园病虫害防治。采摘完毕的葡萄园可用化学农药进行病虫害的防治，尚未采摘完的葡萄园在排涝松土、清园、剪除病梢烂果后，重新盖棚膜，科学慎重用药，一般采用生物农药防病治虫，注意农药安全间隔期，确保葡萄果品安全，同时严禁使用催熟剂。

③ **加强地上枝蔓果管理**

台风过后，很多葡萄树体被风刮倒、叶片刮落、果实损毁，需及时清除葡萄园病株、枯枝与烂果,及时清理枝条叶片,减少水分蒸发,确保树体成活。若叶片吹光或所剩无几的,则顶端剪头留下2~3节绿色枝芽,让其萌发,待长至5叶时留4叶摘心,顶副梢留2~3叶反复摘心,9月下旬统一摘心促进枝条成熟。顶端夏芽未萌发前,除功能性肥料外,土壤地面与枝条叶片均不能用肥,萌芽后按照正常管理。对于叶片破坏但有果穗留在树上的情况,为了保护树体、恢复树势,需要把所有的果穗全部剪掉。对于叶片伤害比较轻微的,可用有机营养液+化学农药进行喷施,以保护叶片,1周后用等量波尔多液200倍液连续二次喷施。对于冬芽全部萌芽的,只能留基部一芽修剪,培养来年结果母枝。对于去冬今春定植的葡萄,由于生长时间短根系不发达,淹水及叶片吹落会影响植株成活和翌年产量,建议进行品种调整,晚熟品种调整为特早熟或早熟优质效益好的品种。同时,要根据品种种类、树龄、砧木和受淹时间长短与程度剪除20%~100%的果穗减轻负载量保树。对不流动水淹且时间长已变质的葡萄要深埋作肥,裂果较轻且疏后不影响果穗商品性的,可疏除裂果,控制水分,并悬挂蓝色黏虫板诱杀醋蝇防止酸腐病暴发。

④ 加强果园修剪和肥水管理

台风灾后树体花芽分化受到严重影响,花序减少和变短,因此冬季欧亚种采用长梢修剪,欧美杂交种采用中、短稍修剪,适当增加留枝量和留芽量,每亩多预留200~300个枝条,每条结果母枝增加2个芽,以保证翌年花序量,稳定产量。台风灾后葡萄树体营养积累减少,翌年春季营养供应不足,导致花芽退化,因此台风灾后葡萄园春季要增施氮肥,肥水结合,保持高湿,休眠需冷量不足可以采用石灰氮等打破休眠,提高萌芽率和整齐性,保证花芽质量。新梢生长期花序展现后,花序少且小的受灾葡萄园可以采用花前提早摘心、花序分离期喷施20%的禾丰硼2 000倍补施硼肥,花前10~15天应用3~5毫克/升赤霉素拉长花序,开花初期用1.5毫克/升氯吡脲喷蘸花穗,保证坐果。开花后8~12天用赤霉素等调节剂进行无核化处理来增大果穗和提高坐果率,保证产量。坐果后增施钾肥,追施叶面肥,及时补充营养供给促进果实增大。

2. 高温

(1) 高温逆境的为害症状

随着全球气候变暖,高温干旱等不可控因子对葡萄生产的危害愈加明显。气象数据显示,上海地区观察到葡萄物候期的温度明显出现逐年升高情况,特别是果实成熟期（7月中旬至8月中旬）极端温度可达到45℃以上（表6-1），部分年份高温可持续2周以上。

表6-1　不同年份日最高温度（℃）统计

2013年	2014年	2015年	2016年	2017年	2018年	2019年	2020年	2021年
45.4	38.8	44.3	40.1	44.9	44.3	45.2	47.2	48.1

注：温度数据来自上海市农业科学院庄行综合试验站。

葡萄对气候非常敏感，夏季高温极易引发设施葡萄叶片和果实的日灼，严重影响葡萄的生长发育。发生日灼的果粒通常表现为果面颜色变白、变褐，向阳面会出现豆粒大小、浅褐色的病斑，之后斑块发皱形成凹陷，变成干疤，严重时会导致浆果破裂和萎缩（图6-17）。发生日灼的果实无论风味、色泽以及外观品质等指标都会大打折扣，严重影响其商品价值。因此，高温逆境极易导致葡萄品质下降、挂果期缩短、叶片早衰等生产问题，因此缓解葡萄高温伤害具有重要的应用价值。

图6-17　葡萄果实日灼

（2）缓解高温逆境伤害的技术措施

① 培养合理树体结构

通过培养合理的树体架式结构，适当提高树干高度，提高结果部位，促进空气流通。及时整枝、绑蔓，防止叶幕层过厚，发生冠内郁闭。合理去叶、摘心，保障果穗附近的叶片覆盖量，降低果穗周围的光照强度可有效防止高温引起的日灼发生。

② 加强土肥水管理

避免地面高温可降低日灼发生，可采用行间生草、覆盖秸秆等方式减少地面对热量的吸收，降低地面土壤的蒸发，降低果实周围微环境的温度。干旱高温及时灌水，保证树体含水量，要选在土壤温度较低的清晨或傍晚进行灌溉。生长季节结合喷药补施钾、钙肥，增强树体营养。

③ 套袋缓解日灼发生

利用果实套袋技术可有效防止日灼等高温引起的生理性病害发生。一般选择在阴天或者是晴天上午10:00之前或下午4:00之后进行套袋。如果套袋时气温高，可能会引起气灼病的发生。设施栽培条件下进行套袋时，袋口处可以适当保留空隙口，以防止袋内温度过高，在套袋完成后，要将果袋放置于叶片之下。摘袋时如果光照较强，不要将果袋立即摘除，可以将袋子底部打开撑起，让袋子呈伞状遮盖果穗，避免阳光的直接照射。

④ 遮阳缓解高温胁迫

通过在高温期对设施葡萄实施遮光处理减轻太阳辐射，可以明显降低设施棚内的温度，使叶片保持正常的光合功能，延缓葡萄衰老和成熟进程，有利于提高果实品质，对改善设施葡萄栽培环境有显著效果。搭盖遮阳网时，应保证树冠离遮阳网的空间距离不低于50厘米。在主要坐果部位两面拉遮阳网遮挡阳光，对葡萄果穗日灼也具有明显的防控效果（图6-18）。

图6-18 设施棚内遮阳缓解高温胁迫

⑤ 喷钙或亚硫酸氢钠缓解叶片高温胁迫

钙在葡萄的生长发育过程中起着重要作用，高温时可适当喷施低浓度的0.2%氯化钙或1毫摩尔/升亚硫酸氢钠，能有效缓解高温对葡萄叶片功能的伤害。需要注意的是，无论钙制剂还是亚硫酸氢钠，喷施浓度不宜过高，否则高温天气下容易造成叶片灼伤。

3. 早春霜冻

一般而言，葡萄萌动芽遇-4~-3℃低温就会造成冻害，嫩梢、幼叶在-1℃低温下就会发生冻害，花序的受冻温度则为0℃。根据往年气象资料显示，上海地区有经常在2月底至3月上旬出现倒春寒的气象规律，而此时在春节前后封棚的促成栽培葡萄大多萌动或发芽，覆膜早的新梢长度达到15~20厘米，极易受到低温伤害，影响正常的葡萄生产，因此，防御早春霜冻是上海地区葡萄生产上逆境灾害防控中的一项重要工作。

（1）早春霜冻预防技术措施

目前除通过选择适宜种植地区、选用抗逆性强品种等重要种植栽培技术措施外，还可以通过人们主动采取措施进行人工防霜，改变易于形成霜冻的温度条件，保护葡萄不受其害。

① 灌水法

灌水可增加近地面层空气湿度，保护地面热量，提高空气温度（可使空气升温2℃左右）。由于水的热容量大，降温慢，田间温度不会很快下降，所以，在霜冻来临之前对葡萄实施漫灌，可有效降低霜冻。

② 喷水法

对于小面积的葡萄园或具备喷灌条件的葡萄园采用喷水法防霜。其方法是在霜冻来临前1小时，利用喷灌设备对葡萄不断喷水。因水温比气温高，水在葡萄枝叶遇冷时会释放热量，加上水温高于冰点，以此来防霜冻，效果较好。

③ 遮盖法

利用稻草、麦秆、草木灰、杂草、尼龙、塑料薄膜等覆盖葡萄，既可防止外面冷空气的袭击，又能减少地面热量向外散失，一般能提高气温1~2℃，该方法防冻时间长。

④ 熏烟法

利用能够产生大量烟雾的柴草、牛粪、锯木、废机油、赤磷或其他尘烟物质，在霜冻来临前半小时或1小时点燃。这些烟雾能够阻挡地面热量的散失,而烟雾本身也会产生一定的热量,一般能使近地面层空气温度提高1～2℃。该方法存在成本较高,污染大气的缺点,适用于短时霜冻的防控。

⑤ 加热法

应用煤、木炭、柴草、重油、蜡等燃烧使空气和植株的温度升高以防霜冻,是目前一种广泛使用的方法(图6-19)。也可以在霜冻出现之前挖"地灶",将干草、树枝等放在"地灶"内燃烧,释放出热量,使周围温度升高,植株本身则不会出现霜冻。

图6-19 设施内加热设备

(2)霜冻后的补救技术措施

① 及时查看灾情,根据受灾情况分别处理

轻度霜冻:具体表现仅是新梢顶部幼叶轻微受冻,花序尚完好,可在霜冻结束后,将新梢顶部受害死亡的梢尖连同幼叶剪除,促使剪口下叶芽尽快萌发,恢复正常生长。

中度霜冻:具体表现是新梢上部50%左右的嫩梢及叶片受冻,花序基本完好,可在霜冻结束后,将新梢受冻死亡的部分剪除,促使剪口下叶芽尽快萌发,恢复正常生长。

重度霜冻:具体表现是整个新梢、叶片及花序几乎全部受冻,或萌动冬芽变为棉絮状。在霜冻结束后,将新梢从基部全部剪除,促使剪口下结果母枝原芽眼副芽或隐芽尽快萌发,如果肥水管理得当,还会有一定产量,减少灾害损失。

② 喷施药剂

对于受冻较重的葡萄园,可喷施5 000～20 000倍碧护或10 000倍硕丰481或5 000倍爱多收等药剂,进行霜冻灾后修复,减轻冻害损失。

③ 加强水肥管理

为了尽快恢复树势,应加强葡萄肥水管理,及时补充树体营养,增强树势。可喷施氨基酸、海藻酸、壳寡糖等功能性叶面肥,以恢复树势,保护幼小及受伤的叶片，促进花序的生长发育，增加坐果率，挽救葡萄损失。

④ 加强根系管理

冻害发生，及时追施氮肥（碳铵）和灌水，并进行中耕松土，提高土壤温度和透气性，增强葡萄根系活力，促使根系水肥吸收，加快地上部分生长，恢复树势。

⑤ 加强病虫害防治

受灾后，及时对葡萄进行药物保护，避免因冻害而引起的大面积病虫害发生。

上海市果树全产业链生产技术

葡萄

七

采收及商品化处理

葡萄果实的采收与商品化处理是葡萄全产业链生产中的最后一个环节，同时又是葡萄果品成为商品的重要一环，关系着全年葡萄生产的经济效益。葡萄果实由于鲜嫩多汁、含水量高，易遭病菌侵染和机械损伤而腐烂变质，同时采后易掉粒、枯梗、干瘪，从而影响葡萄果品的商品性。因此，应通过适时的果实采收及标准的商品化处理技术，保障葡萄果实采后的果实品质和流通性能，从而获得良好的经济效益。

（一）果实采收

1. 采收适宜时期

通常当葡萄浆果成透明状、变软、变甜，具有弹性，出现果粉，种子变褐色，果穗梗基部木质化变为黄褐色，达到果实特有的风味、色泽和香气时即可采收。采收过早，果实未充分成熟，不仅果实的大小和重量达不到最大值，影响当年产量，而且果粉未完全生成，易失水、失鲜和感病，色、香、味欠佳，达不到果实特有的色泽、香气和风味；采收过晚，则果实风味、品质降低，掉粒增加，不耐储运，而且还影响翌年花芽分化。

2. 果实成熟度判断方法

根据浆果可溶性固形物含量的多少来判断成熟度。一般果穗的先端果粒成熟最迟，因此，在浆果接近成熟时，定点每隔2~3天测定1次果穗先端果粒的可溶性固形物含量，当其含量不再增加时，为适宜采收期。

3. 采收时的注意事项

采收时间以温度相对较低的清晨或夜晚进行，以降低果实的田间热，便于采后预冷降温。避免在雾天、阴雨天、烈日暴晒时采收。采果人员要剪平指甲，最好戴手套采摘。采前应充分清洗采收工具和器具，去除污染物残留。采收时，一手握剪刀，一手抓住葡萄穗梗，在贴近结果枝处将果穗剪下，保留一段3~5厘米长的穗梗。

整个采收工作要突出"快"(采收装箱等环节要迅速,保持葡萄新鲜度)、"准"(下剪位置要准确无误,不伤穗轴、果梗)、"轻"(要轻拿轻放,保护好果粉,不碰伤果皮,以避免蚊蝇及微生物污染)、"稳"(采收时要把果穗拿稳,不掉地上摔伤),确保果实完好无损,同时要注意分品种采收、分期分批采收、不带叶采收,熟一穗采一穗,达到熟穗不漏、生(青)穗不采,以保证采收质量。果穗采下后,不要触碰果面,不要摇动果穗,要用手提起穗梗,平放入果实采集筐中,并尽快送往分级包装间(图7-1)。

图7-1 葡萄果实采收

(二)分等分级

葡萄是浆果,在储、运、销过程中易受损伤,生产上应将采收、运输、储藏、包装销售一体化,从树上采下后,就要及时做好分级包装,防止以后不再倒箱、倒袋重新包装,以减少损伤。葡萄果品宜在温度为15～20℃的分级包装间内进行分等分级(图7-2)。果穗修整时要用手提起穗梗,轻轻转动,剪掉果穗

图7-2 葡萄果品的分级

中烂、瘪、脱、裂、绿、干、病、虫、日灼的果粒及其果梗后,按穗粒大小、整齐程度、色泽情况进行分级包装,将合格的葡萄果穗分为3个等级(特级、一级和二级),并按不同品种、不同等级分开包装,以利储藏、定价与销售(表7-1,7-2)。

表7-1 葡萄果实外观等级

项目	等级		
	特级	一级	二级
基本要求	果穗应充分发育并达到合适的成熟度,具有该品种固有的色泽和风味,甜酸适口,风味浓郁,无异味;外形典型而完整,果梗、穗梗完整新鲜;果粒应发育正常、完整、形状好,与梗连接牢固;果粒表面应洁净,无裂果,无腐烂,无异味,无虫斑、无小粒、无青粒、无干缩果		
着色度	100%	100%	90%以上
果穗整齐度	整齐	较整齐	较整齐
果粒均匀度	均匀	均匀	较均匀
果穗紧密度	松紧适度	松紧适度	较紧密或松散
果粉	完整	完整	较完整
果面缺陷	无	无	允许轻微缺陷,在5%以下

表7-2　葡萄果实理化指标

品种	特级			一级			二级		
	穗重（克）	果粒重（克）	可溶性固形物（%）	穗重（克）	果粒重（克）	可溶性固形物（%）	穗重（克）	果粒重（克）	可溶性固形物（%）
夏黑	400～500	7～8	≥18	400～550	7～9	≥18	400～600	6～9	≥16
巨峰	500～550	12～13	≥18	450～650	11～14	≥17	350～750	11～15	≥16
巨玫瑰	450～500	7～8	≥19	400～650	7～9	≥18	350～650	6～10	≥17
阳光玫瑰	600～700	12～14	≥18	600～750	12～14	≥18	600～800	12～16	≥17
醉金香	550～650	9～10	≥19	550～700	9～10	≥18	500～700	9～11	≥17
金手指	350～400	6～7	≥19	300～400	6～7	≥18	300～450	5～7	≥18
申华	600～700	14～16	≥18	600～750	14～16	≥18	600～750	13～16	≥16
申丰	500～550	10～12	≥17	500～550	10～12	≥16	400～600	10～12	≥16

（三）包装储运

1. 包装

（1）果穗盒装

葡萄果穗的盒式包装应符合"保质、环保、好感、便利、合规"的基本原则，包装材料应符合卫生标准、环保标准和相关行业标准，不得对产品造成二次污染。葡萄怕压、怕挤，应实行盒式小包装，无毒、质硬的塑料盒或纸盒，箱体呈扁平形，一般纸箱容量不超过3千克为宜。包装盒四周要有通气孔，盒体应清洁、干燥，牢固耐压，内壁平滑，盒两侧上、下有直径1.5厘米的通气孔四个。同一级别的果品放于同一包装盒内，果实叠放高度为单层，单穗独立包装，内包装应无毒、无害、无异味，应符合食品级材料要求（图7-3）。

（2）果穗直接装箱

若分级好的果穗暂时不进市场销售，则可以将果穗直接装箱后进行短期储藏。

图7-3 葡萄果品盒装

一般包装箱多采用箱体扁平、有通气孔的塑料周转箱、泡沫塑料箱、硬纸板箱，容量以装5～10千克为宜。先在箱内放一个厚0.03～0.05毫米的无毒聚氯乙烯袋，袋底铺1层或2层白色包装纸吸湿，将果穗按穗梗向上、穗尖朝下一层层、一穗穗挨紧摆实，采取单层斜放，如摆放2层，层间要用纸板隔开（以单层摆放最佳），必要时在果穗间垫纸，以不窜动为度。装够重量以后，上覆1层或2层白色包装纸吸湿，将防腐保鲜剂1-甲基环丙烯按储果重放在包装纸上，一般用量为0.15～0.25克/千克果实，再覆1层包装纸或无毒泡沫塑料，将塑料袋口挽好，加盖封箱即可。装载要适量，以与箱口持平为度，超过箱口会压坏浆果；装入过少则会在运输途中晃动，造成果粒损伤。

2. 标识

包装标识应符合法律、法规的规定，并符合相应食品安全标准的规定。按照规定标明产品的品名、产地、生产者、生产日期、采收期、产品质量等级、产品执行标准编号等内容，使消费者购买时易于辨认和识读，并且应真实、准确，不得以虚假、夸大等容易使人误解或欺骗性文字、图形等方式介绍产品。

3. 预冷处理

分级包装好后的果实及时进行迅速预冷，预冷时应采取分批次进果或配备专门预冷库，使果温迅速下降。预冷速度愈快，预冷愈彻底、袋内结露愈小、储藏效果愈好。预冷温度设定为-1～0℃，以果心温度降至1～2℃为宜。预冷期间，应打开箱盖、袋口，去除田间热。预冷8～10小时，封箱冷藏，或装车运往销售点。装车或入库储藏以午夜至清晨气温较低时段进行为佳，可防止果温回升。

4. 运输

（1）冷链运输

葡萄果品应采用冷藏车运输，运输温度参数设定为10～15℃。运输时，应将车厢装满、装实，车厢底板及两侧垫上棉被、草帘，以防止颠簸引起裂果、落粒。运输工具应保持清洁、卫生、无污染。装卸时应轻装、轻放，快装、快运、快卸，货物卸下后放在阴凉通风的室内或冷库内，切勿露天堆放。

（2）电子物流

随着各种形式的电子商务平台（淘宝、微信、QQ等）的兴起和迅猛发展，电子商务平台已成为产品营销的重要途径。对于农业发展而言，电子商务平台能有效大大降低企业和农户的宣传成本，更能拓宽农副产品的销售渠道，促进农业产业发展。因此，针对互联网电子物流新模式，宜采取"预冷—冷链保鲜运输—防震包装"的联合方法来保持葡萄的水分、新鲜度、硬度与感官品质，降低葡萄在运输过程中的掉果率和腐烂率。防震包装宜采用双层充气袋，同时应添加750～1 000克的凝胶冰袋或盐水冰袋维持包装箱内环境温度在10～15℃（图7-4）。

图7-4　电子物流充气袋包装

5. 储藏方法及管理措施

南方葡萄采收时正值7—8月高温、高湿期，果实含水量高，因而耐储性差、储藏难度大。一般生产上多采用冷库储藏，以保持果实新鲜，延长储藏期，将温度控制在0℃左右。如无冷藏条件，也可采用简易通风库进行临时性短期储藏。储藏期间，不宜翻动或倒箱，以免挤破引起腐烂。同时，要及时检查，发现果粒腐烂迹象，要及时销售。有条件的建议在冷藏库内安装数据采集和报警系统，防止出现由于死机、机械故障、机器以外的电源故障和停电造成的低温冻害和高温劣变，从而造成不必要的经济损失。

（1）储藏场所的消毒

储藏场所及盛果箱要在使用前8～10天打扫干净，并均匀喷洒杀菌剂彻底消毒，防止储藏环境中的病菌侵染果实。具体方法为使用次氯酸钠（有效氯1%）和0.3%过氧化氢交替喷洒2～4次，间隔6～12小时喷1次。同时要注意采取堵鼠洞、毒饵诱杀等措施防止鼠害。

（2）冷库储藏

储藏前2天，提前启动冷库制冷设备，设置温度为−1～1℃，相对湿度为65%～70%，库温降至0℃时即可入库储藏。将分级、包装、预冷的葡萄放入垫有木条或砖块的冷库内，按品字形码垛，每箱间距5厘米左右，码高不超过5层，垛与垛之间、顶层果箱与冷库顶棚之间要留20～40厘米的间隙，垛与墙之间要留10～20厘米的间距，以利冷空气流通。果实入库后，采用硫黄（用量：3～4克/立方米）密闭熏蒸20～30分钟。随后打开库门，开启风机通风，引入新鲜空气，放出残气，并及时将通风设备、库门关闭。10～15天后再熏1次，以后每隔1～2个月熏1次，以利储藏。储藏期间，库温稳定在−1～0℃，避免上下波动、忽高忽低，空气相对湿度保持在90%～95%。库内空气相对湿度＜90%时，应采取地面洒水、撒湿锯末、放置盛满水的大缸或在库内四壁挂湿草帘、湿麻袋等方法增湿。定期利用夜间或清晨气温较低时段通风换气，确保库内空气新鲜。通风换气的同时，要开启制冷机械，避免库温上下波动。冷库制冷设备应有温度自控装置，以确保库温稳定。出库前，应先将准备出库的葡萄放在预冷间内缓慢升温（0℃→1℃→3℃→5℃→10℃→室温），以防突然升温，引起果实变质和结霜，丧失果实的新鲜度。

6. 出库处理与运输

复温结束后打开保鲜包装箱及保鲜袋，取出保鲜剂，挑拣出霉变、机械伤、落粒及二氧化硫伤害的果粒或果穗。可用抑菌剂（含0.01%～0.02%二甲基二碳酸盐、0.5%～1.0%天然橘皮精油、0.1%～0.3%单甘酯）对采后果穗进行均匀喷洒，然后将果穗单层摆放，自然晾干。晾干后，采用透明聚乙烯袋进行再包装，扎口，包装袋进行打孔处理，分别在包装袋正、反面打孔4～6个，底部打孔2～3个，打孔直径为3～8毫米，包装后根据运输及销售单元大小需要进行装箱。

6小时以内的短距离运输可采用常温运输，比如卡车等普通运输工具，使用篷布（或其他覆盖物）遮盖，并根据天气情况采取相应的防热、防冻、防雨措施。6小时以上的长距离运输宜采用冷链运输，冷链运输的葡萄装车前不应进行复温处理，运输过程应做好温度和湿度监测，温度宜为-1～1℃，相对湿度宜为90%～95%。装载时应轻搬轻卸，快搬快卸。运输过程中宜采取必要的防震保护处理。

上海市果树全产业链生产技术：葡萄

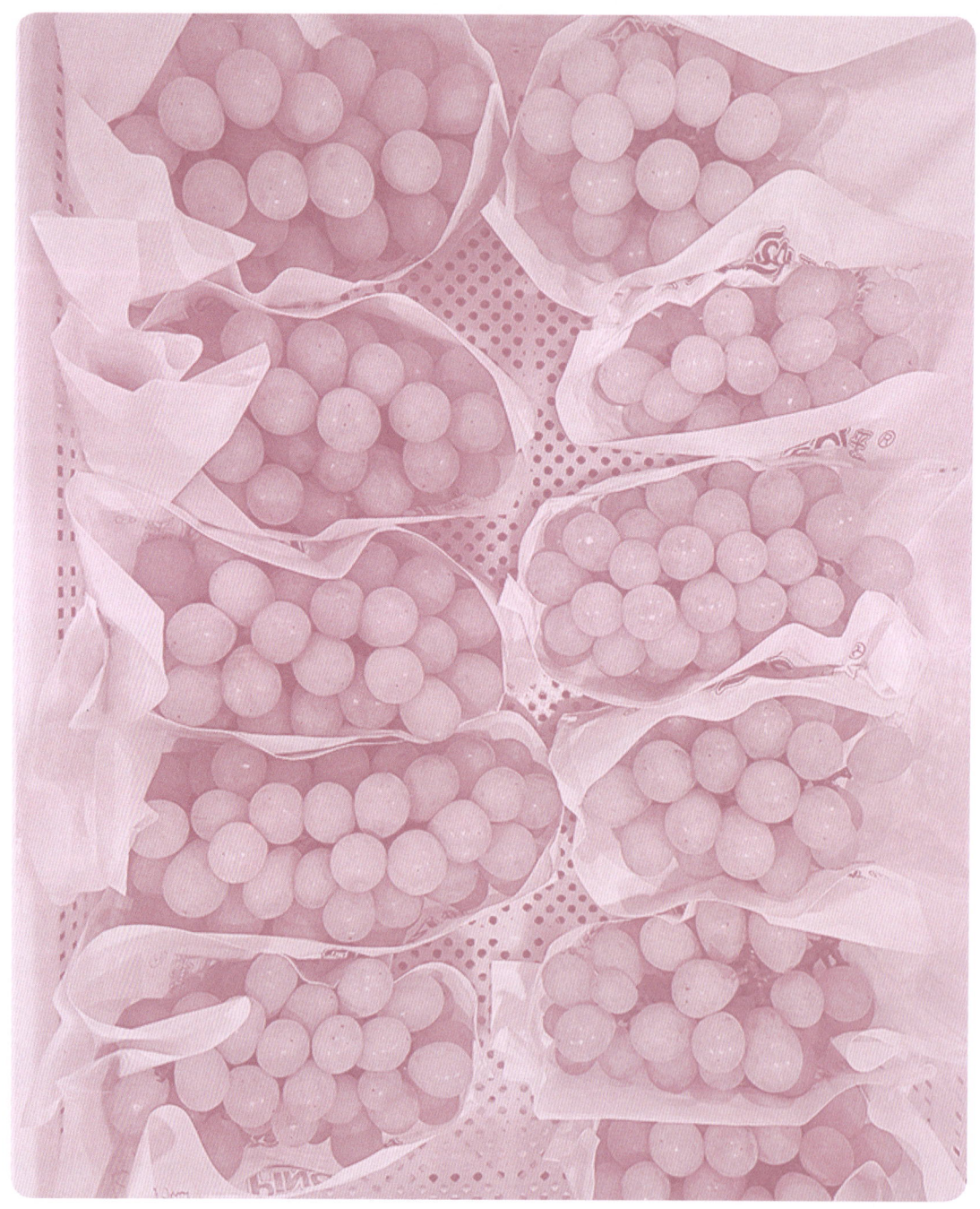

上 海 市 果 树 全 产 业 链 生 产 技 术

葡萄

质量安全管理

民以食为天，食以安为先。随着我国经济的快速发展和人民生活水平的提高，食品安全问题越来越受到重视。因此，完善的质量安全管理制度是葡萄果品安全生产的根本，通过抓好果园标准化管理，建立健全对投入品的监管、果品质量的监测以及质量安全可追溯制度等来有效控制农药残留污染，切实保障葡萄果品安全质量。

（一）管理制度

我国自20世纪80年代起陆续制定并实施了《产品质量法》《食品卫生法》等一系列农产品质量安全监督管理有关的法律法规，后续还颁布实施了《农产品质量安全法》，奠定了我国农产品质量安全监督管理的法律基础。

1. 投入品管理制度

农业投入品是指在农产品生产过程中使用或添加的物质，包括种子、种苗、农药、肥料等农用生产资料产品，应按照产品标签规定正确使用。其中，农药使用时应注意施药剂量（或浓度）、施药次数和安全间隔期。不得使用禁限用农药。

投入品管理应实行专人管理、闭环管理，并建立进出库台账。

2. 质量可追溯制度

鼓励生产主体信息上网，如神农口袋等平台。采用现代信息技术手段采集、留存生产记录、购销记录等生产经营信息，实现全程可追溯。

3. 承诺达标合格证制度

生产主体应在严格执行现有的农产品质量安全控制要求的基础上，对所销售的产品开具承诺达标合格证，鼓励带证上市。

（二）风险管控关键点

绿色葡萄产业链生产全过程从质量安全的角度出发，需要对建园选址、品种选择、栽培管理、绿色农药、肥料投入品的选择进行标准化以规避生产风险。全产业链标准化的生产是实现葡萄从果园到餐桌过程中确保安全的关键。上海葡萄生产全过程风险管控关键点可参考相关文献与标准列举如表8-1。

表8-1　葡萄全产业链生产风险管控关键点

序号	关键点	主要风险因子	参考标准
1	产地环境	空气污染、水污染	NY/T 391《绿色食品 产地环境质量》
2	生产投入品	农药、重金属污染	GB/T 8321《农药合理使用准则》 NY/T 393《绿色食品 农药使用准则》
3	套袋	病虫源	GB/T 19341《育果袋纸》
4	施肥	化肥使用量、重金属污染	NY/T 394《绿色食品 肥料使用准则》
5	包装储运	致病菌 生物毒素 生物毒素、致病菌	GB/T 33129《新鲜水果、蔬菜包装和冷链运输通用操作规范》 NY/T 3026《鲜食浆果类水果采后预冷保鲜技术规程》 NY/T 1778《新鲜水果包装标识通则》 NY/T 658《绿色食品 包装通用准则》 NY/T 1056《绿色食品贮藏运输准则》

1. 产地环境风险管控

产地环境是绿色、优质葡萄果品生产的前提。葡萄园建园前需对预选园地土壤重金属含量、灌溉水源、地下水位等指标进行调查及检测，剔除产地环境不符合国家标准规定或低洼园地。地下水位较高地区园地需通过填土、起垄等方式使之下降至0.8米以下。

2. 生产风险管控

品种选择是优质绿色葡萄果品生产的基础，应选用适宜上海地区高温高湿等气候特点的优质抗病品种，提高葡萄抗逆性。同时应用设施栽培以及健康栽培管理，如合理密植、彻底清园、合理负载、果穗套袋等措施培养健壮的树势，增强葡萄植株抗病虫害能力，从而减少葡萄生产过程中的化学肥料、农药使用量，达到减少葡萄农药、重金属残留超标风险的安全生产，相关残留物的含量均根据NY/T 844《绿色食品 温带水果》的规定控制在限度以下。

3. 生产投入品使用风险管控

葡萄生产中严格禁止使用剧毒、高毒、高残留的农药，绿色葡萄果品生产需根据NY/T 393《绿色食品 农药使用准则》，并且严格按照在葡萄上登记的药品种类、用量、次数及安全间隔期进行使用，优先推荐使用生物农药和矿物农药，禁止在天敌高峰期使用广谱性农药，破坏葡萄园生态平衡。

葡萄园所施用肥料推荐使用农业行政主管部门登记或者免于登记的肥料。根据葡萄所需营养水平提倡使用葡萄专用商业有机肥以及有机-无机复混肥，适当合理地使用化肥，具体使用标准需根据NY/T 394《绿色食品 肥料使用准则》的规定。

（三）品质提升关键点

1. 高标准建园

葡萄果品质量的好坏与建园质量的高低息息相关，只有良好的生态环境，如干净的空气、灌溉水质以及肥沃的土壤等才能种植出优质的果品。此外，葡萄园内功能良好且齐全的基础设施、合理的功能区布局以及高标准的设施大棚等关键因素，在满足机械化作业及信息化管理需求外，同时为葡萄栽培创造一个最适合的生长环境，有效提高抵御高温高湿、台风暴雨等自然灾害的能力，实现对葡萄高质量管理，为葡萄果实品质提升提供保障。

2. 品种结构调优

优质葡萄新品种是果实品质提升的前提条件，只有种植适宜本地栽培的品种，才有可能生产出高档优质的果品。因此，优质新品种的选择应本着"因地制宜、适地适树、趋利避害、注重销路"的原则，重点引种大粒、无核、颜色鲜艳、香味浓郁、不易脱粒、不裂果、耐树挂的葡萄新品种。通过不断的品种更新换代，加快葡萄品种结构的优化，实现不同熟期、不同果色以及不同风味葡萄品种的适当搭配，从而提高市场竞争力，显著提高葡萄产值，促进农民创收增收。

3. 管理技术

同一产区生产同一葡萄品种因管理技术水平的差异直接导致果实品质存在差异，管理技术水平越高，葡萄果品质也越高。关键管理技术包括高光效树体整形、精细化花果管理、严格产量控制、持续土壤改良等。

（1）高光效树体整形

通过适当降低葡萄栽植密度，结合架式、整形与修剪来整体抬高架面结果部位、调节植株叶面积总量以及枝蔓光照利用率等，形成高光效树形，从而提高光合利用效率、改善果实着色、增加代谢产物合成等生理过程，有效提升果实品质。树形可采用H形或一字形树形＋水平或V形叶幕等高光效树形，有利于果实品质一致性的提升以及果实产量与品质的控制。通过简化修剪（冬季修剪、生长季修剪等）调节营养生长和生殖生长的平衡，显著提升果实品质。

（2）精细化花果管理

花果管理是葡萄生产中最关键环节之一，花果管理好坏与否直接影响葡萄果实品质及其商品价值。根据不同类型、不同栽培方式的品种针对性地进行精细化的花果管理，如花前的花穗整形、花期的植物生长调节剂处理、花后的疏穗疏粒，使梢果比、单穗重量以及单穗果粒数等控制在合理范围内，以利于花期一致、提高坐果率、促进果粒膨大，使穗型整齐，果粒均匀，松紧适中，从而发挥出品种的最大特性。

（3）严格产量控制

负载量调控与葡萄的果实品质之间关系密切，降低负载量不仅可以有效增加葡萄果实的可溶性糖含量，而且能显著促进果皮着色，提升果实风味，从而改善葡萄的果实品质。根据平均粒质量、穗质量等确定单位面积留穗数以及最终的目标产量，通过严格产量控制调节负载量在合理范围内，一般产量控制在750～1 000千克，有效减少裂果、促进上色、提升果实风味，从而提高果实外观及内在品质。

（4）持续土壤改良

葡萄品质的优劣、丰产持续时间的长短，都直接与土壤质量的好坏有关。没有良好的土壤，再好的肥料，再好的科学施肥方案都难以发挥很好的肥效。因此，土壤改良的目的是针对土壤的不良性状和障碍因素，采取相应的物理或化学措施，改良土壤性状和可耕性，提高土壤肥力，维持土壤良好健康的养分和水分供应状态，为葡萄根系提供良好的水、肥、气、热、酸碱度环境以提高葡萄果实品质。实际葡萄生产中主要可采用增施有机肥、种植绿肥等土壤改良技术来显著提高果实品质，如每年秋冬季亩施有机肥2 000～3 000千克，通过持续不断地土壤改良后，使土壤中的有机质含量达到25克/千克以上，为葡萄果实品质提升奠定基础。

（四）农产品认证

最为常见的认证分为产品认证和体系认证，其中产品认证主要为绿色食品认证和有机食品认证，体系认证主要为中国良好农业规范（GAP）认证、ISO 14000体系认证和ISO 22000体系认证等。

1. 绿色食品认证

绿色食品认证是指产自优良生态环境、按照绿色食品标准生产、实行全程质量控制并获得绿色食品标志使用权的安全、优质食用农产品及相关产品（图8-1）。

绿色食品申报流程根据《绿色食品标志管理办法》，操作平台为金农工程网，由申请人注册并提交认证申请，申请流程详见附录1。

申请人申报需要提供《绿色食品标志使用申请书》（以下简称"申请书"）及产品调查表、质量控制规范、生产技术规程、基地来源证明材料、原料来源证明材料、

图8-1　二品一标标识

基地图、带有绿色食品标志的预包装标签设计样张及中国绿色食品发展中心要求提供的其他材料。申报人可以进行申报的条件需满足基本条件12项，产品需满足基本条件7项。

2. GAP认证

GAP即良好农业规范，是我国参照国际较有影响力的良好农业规范标准，结合中国农业国情起草的良好农业规范系列国家标准，其中可用于葡萄GAP认证的相关良好农业规范系列国家标准有《GB/T 20014.1良好农业规范　第1部分：术语》《GB/T 20014.2良好农业规范　第2部分：农场基础控制点与符合性规范》《GB/T 20014.3良好农业规范　第3部分：作物基础控制点与符合性规范》和《GB/T 20014.5良好农业规范　第5部分：水果和蔬菜控制点与符合性规范》。

附录

1. 绿色食品认证流程

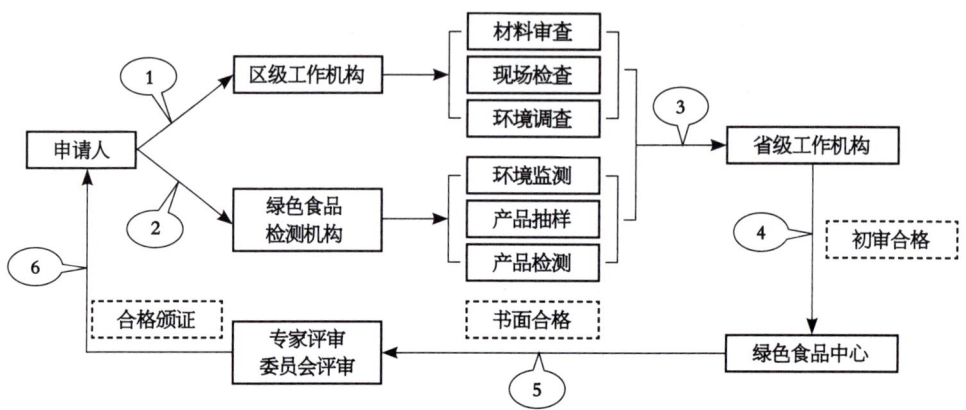

上海市绿色食品申报流程

2. 绿色食品农药使用目录

绿色食品农药使用目录

类型	防治对象	农药名称	有效成分含量与剂型	使用剂量	防治（施用）时期	施用方法	每季最多施用次数	安全间隔期
杀菌剂	灰霉病	嘧霉胺	400克/升悬浮剂	1 000～1 500倍液	病害发病前或初期	喷雾	3	7天
		咯菌腈	20%悬浮剂	1 500～2 500倍液	发病初期	喷雾	3	7天
		腐霉利	20%悬浮剂	400～500倍液	发病初期	喷雾	2	14天
		异菌脲	500克/升悬浮剂	750～1 000倍液	发病初期	喷雾	3	14天

续 表

类型	防治对象	农药名称	有效成分含量与剂型	使用剂量	防治（施用）时期	施用方法	每季最多施用次数	安全间隔期
杀菌剂	灰霉病	苦参碱	0.3%水剂	600~800倍液	病害发病前或初期	喷雾	3	10天
		木霉菌	2亿孢子/克	200~300克/亩	病害发病前或初期	喷雾	3	—
		啶酰菌胺	50%水分散粒剂	500~1 000倍液	花前1天~3天	喷雾	3	7天
		嘧菌环胺	50%水分散粒剂	600~800倍液	病害发病前或初期	喷雾	2	14天
		井冈霉素A	24%水剂	1 000~2 000倍液	病害发病前或初期	喷雾	2	7天
	霜霉病	波尔多液	80%可湿性粉剂	300~400倍液	谢花后20天	喷雾	3	14天
		烯酰吗啉	40%悬浮剂	1 500~2 000倍液	病害发生初期	喷雾	3	21天
		代森锰锌	80%可湿性粉剂	500~800倍液	病害发生初期	喷雾	3	7天
		苦参碱	1.5%水剂	500~650倍液	病害发病前或初期	喷雾	3	10天
		哈茨木霉菌	3亿CFU/克	200~250倍液	病害发生初期	喷雾	3	—
		吡唑醚菌酯	30%水分散粒剂	1 500~2 000倍液	病害发生初期	喷雾	3	14天
		克菌丹	50%可湿性粉剂	400~600倍液	病害发生初期	喷雾	3	7天
		喹啉铜	33.5%悬浮剂	750~1 500倍液	病害发生初期	喷雾	3	14天
		嘧菌酯	250克/升悬浮剂	700~1 400倍液	病害发生前或初见零星病斑时	喷雾	4	14天
		氰霜唑	100克/升悬浮剂	2 000~2 500倍液	病害发生初期	喷雾	3	7天
		三乙膦酸铝	80%水分散粒剂	500~800倍液	病害发生初期	喷雾	3	14天

续　表

类型	防治对象	农药名称	有效成分含量与剂型	使用剂量	防治（施用）时期	施用方法	每季最多施用次数	安全间隔期
杀菌剂	霜霉病	霜脲氰	20%悬浮剂	2 000～2 500倍液	病害发生初期	喷雾	2	14天
		氢氧化铜	46%水分散粒剂	1 700～2 000倍液	采收后使用（不宜喷施在果实上，易产生药斑）	喷雾	3	14天
		氨基寡糖素	2%可湿性粉剂	600～800倍液	病害发生初期	喷雾	3	10天
	白粉病	石硫合剂	29%水剂	6～9倍液	病菌侵染初期	喷雾	2	15天
		氟菌唑	30%可湿性粉剂	15～18克/亩	发病初期	喷雾	3	7天
		氟环唑	30%悬浮剂	1 600～2 300倍液	发病初期	喷雾	2	30天
		甲基硫菌灵	36%悬浮剂	800～1 000倍液	发病初期	喷雾	2	14天
		肟菌酯	50%水分散粒剂	3 000～4 000倍液	发病初期	喷雾	2	14天
		大黄素甲醚	2%水分散粒剂	1 000～1 500倍液	发病初期	喷雾	2	10天
		蛇床子素	1%可溶液剂	1 000～2 000倍液	发病初期	喷雾	3	—
		嘧啶核苷类抗菌素	2%水剂	133～400倍液	开花前、幼果期	喷雾	3	7天
	炭疽病	腈菌唑	40%可湿性粉剂	4 000～6 000倍液	发病初期	喷雾	3	21天
		苦参碱	0.3%水剂	500～800倍液	发病初期	喷雾	3	10天
		多抗霉素	16%可溶粒剂	2 500～3 000倍液	发病前或发病初期	喷雾	3	14天
		抑霉唑	20%水乳剂	800～1 200倍液	花后、套袋前	喷雾	3	10天
		几丁聚糖	0.5%水剂	100～300倍液	发病初期	喷雾	3	—

续表

类型	防治对象	农药名称	有效成分含量与剂型	使用剂量	防治（施用）时期	施用方法	每季最多施用次数	安全间隔期
杀菌剂	白腐病	代森锰锌	70%可湿性粉剂	438～700倍液	发病初期	喷雾	3	28天
		嘧菌酯	250克/升悬浮剂	830～1 250倍液	病害发生前或初见零星病斑时	喷雾	4	14天
		戊唑醇	250克/升水乳剂	2 000～3 300倍液	发病初期	喷雾	3	7天
		氟硅唑	10%水分散粒剂	2 000～2 500倍液	花前（花期和幼果期不建议使用）	喷雾	3	14天
	黑痘病	代森锰锌	70%可湿性粉剂	438～700倍液	发病初期	喷雾	3	28天
		嘧菌酯	250克/升悬浮剂	833～1 250倍液	病害发生前或初见零星病斑时	喷雾	4	14天
		氟硅唑	400克/升乳油	8 000～10 000倍液	花前（花期和幼果期不建议使用）	喷雾	3	28天
		噻菌灵	40%可湿性粉剂	1 000～1 500倍液	发病初期	喷雾	3	14天
杀虫剂	介壳虫	噻虫嗪	25%水分散粒剂	4 000～5 000倍液	虫害发生初期	喷雾	2	7天
	蚜虫	苦参碱	1.5%可溶液剂	3 000～4 000倍液	虫害发生初期	喷雾	3	10天
	绿盲蝽	苦皮藤素	1%水乳剂	30～40毫升/亩	虫害发生初期	喷雾	2	10天
		氟啶虫胺腈	22%悬浮剂	1 000～1 500倍液	低龄若虫期	喷雾	2	14天

续 表

类型	防治对象	农药名称	有效成分含量与剂型	使用剂量	防治（施用）时期	施用方法	每季最多施用次数	安全间隔期
除草剂	杂草	草铵膦	18%可溶液剂	200～300毫升/亩	杂草出齐后10～20厘米高时	定向喷雾	3	5天
保鲜剂	保鲜	1-甲基环丙烯	0.03%粉剂	0.15～0.25克/千克果实	果实采摘后	密闭熏蒸	—	—
植物生长调节剂	调节生长、果实增大	氯吡脲	0.1%可溶液剂	50～100倍液	盛花期及花后10～15天	浸幼果穗	2	38天
植物生长调节剂	提高成活率	萘乙酸	20%粉剂	1 000～2 000倍液	—	浸插条	—	—
植物生长调节剂	调节生长、促进着色	S-诱抗素	5%可溶液剂	170～250倍液	果实转色初期	喷果穗	1	15天
植物生长调节剂	调节生长、无核	赤霉酸	20%可溶粉剂	8 000～12 000倍液	盛花期及花后10～15天	浸喷果穗	2	15天
植物生长调节剂	调节生长	吲哚丁酸	1.2%水剂	1 200～2 000倍液	幼果期、中果期及果实膨大期	喷雾	3	15天
植物生长调节剂	调节生长	芸苔素内酯	0.01%可溶液剂	2 500～3 333倍液	花蕾期、幼果期及果实膨大期	喷雾	3	15天
植物生长调节剂	调节生长	丙酰芸苔素内酯	0.003%水剂	3 000～5 000倍液	开花前7天、开花后7天	喷雾	2	30天

注：农药使用以最新版本NY/T 393的规定为准，并严格按照农药产品标签中的规定使用。

3. 高质量葡萄周年管理工作历

高质量葡萄周年管理工作历

栽培管理		病虫害防治	
物候期	生产操作要点	防治对象	综合防治措施
萌芽和新梢生长期 	花序展开时去掉过多、过密的新梢，长到30～40厘米时进行新梢的引缚，梢距20～25厘米。结果枝在花序以上5～6片叶处摘心，营养枝8～10片叶完全伸展时摘心。及时除去所有卷须	白粉病、灰霉病、蚜虫、绿盲蝽、叶蝉类等	农业防治：刮除枝干翘裂皮、老皮；及时绑蔓、摘心、除副梢、确保通风透光；行内清除杂草或覆盖地布 化学防治：绒球期全园喷施4～5波美度石硫合剂；针对性杀菌剂或针对性杀虫或杀虫杀螨剂等
开花坐果期 	常规栽培，在开花前5天左右大花序剪除副穗、上部支穗和穗尖，保留中间12～16个小支梗，小花序去除副穗即可；无核化栽培，在开花前1周左右留穗尖3～6厘米，分别在谢花期和花后10～14天使用植物生长调节剂对果穗进行浸渍处理	灰霉病、白粉病、穗轴褐枯病、蚜虫、叶蝉类等	农业防治：疏花疏果、合理负载、保持树势健壮等；调控棚内温湿度 物理防治：悬挂色板、杀虫灯、性信息素诱捕器等。 化学防治：灰霉、白粉等针对性杀菌剂或针对性杀虫剂或杀虫杀螨剂等
幼果膨大期 	整形前先疏除多余果穗，平均每2个结果枝留果穗1～2个。平均粒重在8克以下的品种，每果穗留60～100个果粒；平均粒重在8～10克的品种，每果穗留50～60个果粒；平均粒重在11克以上的品种，每果穗留35～50个果粒。幼果发育时期每亩施氮、磷、钾复合肥15～25千克。选择葡萄专用果袋进行套袋	灰霉病、白粉病、霜霉病、红蜘蛛类等	农业防治：增加果穗周边的通透性；适当预留副梢叶防日灼、及时清理副梢叶片防局部郁闭，密切监测病虫害发生并尽早防控 物理防治：套袋、悬挂色板、杀虫灯、性信息素诱捕器等 化学防治：灰霉、白粉等针对性杀菌剂或针对性杀虫剂或杀虫杀螨剂等

115

续 表

栽培管理		病虫害防治	
物候期	生产操作要点	防治对象	综合防治措施
果实软化期 	早熟品种亩产量≤750千克，中熟品种亩产量750～1 000千克，晚熟品种亩产量1 000千克左右。采前1周摘袋，黄色、绿色或易着色品种可以带袋采收。果实软化期时每亩施硫酸钾肥30～40千克，并喷施0.2～0.3%磷酸二氢钾的叶面肥作为补充	灰霉病、酸腐病、霜霉病、白粉病、叶蝉、红蜘蛛类等	农业防治：及时清除多余副梢叶片（包括预留防日灼副梢叶），密切监测病虫害发生并尽早防控 物理防治：悬挂色板、杀虫灯、糖醋液、性信息素诱捕器等 化学防治：灰霉、霜霉等针对性杀菌剂或针对性杀虫剂或杀虫杀螨剂等
果实成熟期 	可溶性固形物达到≥17度时开始采收，在温度为15～20℃的分级包装间内进行分等分级；包装材料符合环保要求，无二次污染；对已分级包装好后的果实及时进行迅速预冷，预冷温度设定为−1～0℃，预冷8～10小时；采用冷藏车运输，运输温度为10～15℃	灰霉病、酸腐病、霜霉病、白腐病、叶蝉、红蜘蛛类等	农业防治：摘除老叶、黄叶，使架面通风透光；及时处理病果病穗；果实及时采收或分期采收 物理防治：悬挂色板、杀虫灯、糖醋液、性信息素诱捕器等 化学防治：灰霉、白腐等针对性杀菌剂或针对性杀虫剂或杀虫杀螨剂等
秋季养分积累期 	秋季施用完全腐熟的有机肥料，施入量每亩2 000～3 000千克，宜每年结合行间扩穴深翻进行，离葡萄主干30～40厘米处，沿定植沟挖宽40～50厘米、深40～50厘米的条状沟施入。葡萄采收后至冬剪前按计划间伐，篱架每亩种植40～84棵树，棚架每亩种植28～42棵树	霜霉病、黑痘病、白粉病、叶蝉类等	农业防治：深翻土壤增加新根发生、及时施基肥补充土壤地力等，增加树体贮存营养 物理防治：悬挂色板、杀虫灯、性信息素诱捕器等。 化学防治：喷施80%波尔多液300～400倍
休眠期 	对于成花容易或无核化的品种，冬季修剪采用短梢修剪即可；对于坐果较难的品种，应采用中长梢修剪为主结合短梢修剪，结果枝留4～8芽，预备枝留1～2芽，翌年修剪时回缩，修剪方式相同	各种越冬病虫害	农业防治：合理修剪、彻底清园（枝、蔓、皮、叶、须、果等残体清除干净），减少园内越冬的虫卵与病菌 化学防治：喷施4～5波美度石硫合剂，树体、土壤、架面全园喷洒

4. 葡萄生产中禁用农药名录

根据中华人民共和国农业部公告第194号、第199号、第274号、第322号、第747号、第1157号、第1586号、第2032号、第2289号、第2445号，农农发（2010）2号通知，四部委联合公告第632号，六部委2008年第1号公告，三部联合公告第1745号规定，以下农药禁止在葡萄生产上使用。

六六六、滴滴涕、毒杀芬、二溴氯甲烷、二溴乙烷、除草醚、艾氏剂、狄氏剂、汞制剂、砷类、铅类、敌枯双、氟乙酰胺、甘氟、毒鼠强、氟乙酸钠、毒鼠硅、甲胺磷、对硫磷、甲基对硫磷、久效磷、磷胺、氟虫腈、苯线磷、地虫硫磷、甲基硫环磷、磷化钙、磷化镁、磷化锌、硫线磷、蝇毒磷、治螟磷、特丁硫磷、氯磺隆、胺苯磺隆、甲磺隆、福美胂、福美甲胂、甲拌磷、甲基异柳磷、内吸磷、克百威、涕灭威、灭线磷、硫环磷、氯唑磷、氧乐果、杀虫脒、三氯杀螨醇、溴甲烷、毒死蜱、三唑磷、水胺硫磷、杀扑磷、氰戊菊酯、氯化苦、硫丹、磷化铝、氯苯虫酰胺、丁酰肼、百草枯、八氯二苯醚、2,4-滴丁酯和灭多威等，以及国家规定禁止使用的其他农药。

《中华人民共和国食品安全法》第四十九条规定：禁止将剧毒、高毒农药用于蔬菜、瓜果、茶叶和中草药材等国家规定的农作物；第一百二十三条规定：违法使用剧毒、高毒农药的，除依照有关法律、法规规定给予处罚外，可以由公安机关依照规定给予拘留。

5. 植物生长调节剂科学使用

植物生长调节剂作为一种重要的植物生长调节物质，在葡萄生产上的应用十分广泛，可以影响葡萄生长发育的多个方面，在促进葡萄的扦插枝条和幼苗定植生根、有核品种的无核化、调控生长、保花保果、增加产量、提高品质、改变休眠周期、提高植株抗性等方面都发挥着重要的作用，从而达到优质、丰产、高效的目的。植物生长调节剂活性较高，使用不当极易对生长发育产生负面影响，因此在生产上使用时一定要本着安全、无害、稳妥、实效的原则，综合考虑，慎重使用。此外，植物生长调节剂的使用效果常因地区、气候、品种、树况，以及使用的时间、方法和浓度的不同而表现出很大的差异，甚至产生相反的结果。因此在使用相关植物生长调节物质时一定要按照科学的方法进行，切不可盲目跟风，更不可滥用乱用，以免造成不必要的损失。通过科学合理使用植物生长调节剂是葡萄高效栽培中的一项积极措施，极大地提高了葡萄的产量和品质。

（1）葡萄中应用的植物生长调节剂种类

我国目前已登记允许使用的植物生长调节剂共38种，常用的有乙烯利、2,4-滴和赤霉酸等近10种，主要用于部分瓜果、蔬菜等作物。我国已制定了12种植物生长调节剂在47种农产品、食品中的73项最大残留限量标准，并将植物生长调节剂残留列入了农产品质量安全例行监测和风险评估范围，对植物生长调节剂使用后的安全性实施监测和跟踪评估，以确保农产品质量安全。在葡萄上登记的且符合绿色生产的有1-甲基环丙烯、氯吡脲、萘乙酸、氨基寡糖素、S-诱抗素、几丁聚糖、赤霉酸、吲哚丁酸、丙酰芸苔素内酯。

（2）植物生长调节剂对葡萄果实的影响

① 膨大果粒

目前葡萄无核品种大粒化主要应用赤霉酸来实现。赤霉酸对果实的膨大效果非常显著。通常果实在授粉受精以后就开始发育，由外源植物生长调节剂调控果实内源激素的变化而促进果实膨大和形成无核。研究表明，葡萄的果实在其快速生长期内的增大与果实内部的赤霉素水平相关，人为增加赤霉素含量对果粒的增大作用非常明显。目前我们知道赤霉酸、生长素、细胞分裂素等都可增大葡萄的果粒，来实现产量的增加。

② 诱导无核

通过无核化生产技术将有核的葡萄品种处理为无核，在满足了消费者无核食用性需求的同时，也保持了有核葡萄品种的优良特性。自然无核的葡萄品种虽然口感好，但颗粒小、产量低，不经膨大处理，自然无核品种卖相差，商品性不强。葡萄无核化的产生除了要了解品种特性、植物生长调节剂的作用机理外，还应兼顾种植管理水平。

③ 促进果实成熟

果实成熟是一个复杂的发育调控过程，果实的着色情况、口感、香气的浓郁程度等都随着成熟过程而变化。在促进果实糖物质的积累方面，植物生长调节剂的应用有着不同程度的作用。植物生长调节剂在一定程度上调控植物内源激素的水平和平衡，因此它可以左右葡萄果实的生长发育以及着色。在果实采收前使用植物生长调节剂可促进可溶性固形物的形成，也可加速酸物质的分解。因此，在生产上可以利用植物生长调节剂来控制果实的成熟时期和着色情况。

(3) 植物生长调节剂在葡萄生产中存在的问题

使用植物生长调节剂都有严格的标准，而在生产应用中经常出现随意加大用量或使用浓度，结果适得其反。而在生产中还经常有将调节剂与化肥、农药及杀虫、杀菌剂混用的情况，如果搭配不当，极易导致"事倍功半"，甚至造成损失。此外，植物生长调节剂在生产应用中还经常有不看时机，盲目使用的情况。植物生长调节剂必须在植物生长的关键时期使用才能发挥其最大功效。如果使用时期不当，不仅效果不理想，反而会产生"副作用"，甚至减产、减收。

(4) 科学使用植物生长调节剂的方法

① 药剂种类的选用

葡萄无核化与膨果处理应选择赤霉酸为主剂，根据实际的需求来选择是否添加辅助药剂以及添加辅助药剂的种类，一般添加1种或2种辅助药剂。赤霉酸与辅助药剂混用时，赤霉酸的浓度应比单用赤霉酸的浓度低。由于国家已禁止使用无核化效果好但有安全隐患的链霉素，因此葡萄种植户应严格遵守国家规定不使用链霉素，以确保果品的安全性。

② 处理时间

不同葡萄生长发育时期对植物生长调节剂敏感度不同。葡萄无核化处理多集中在花前、盛花期及盛花期后1~3天，随着无核化处理时间的推迟，副作用会相对变弱。膨果处理多集中在盛花期至盛花后20天，处理时间过晚，果实发育进入到硬核期会显著影响膨大效果。

③ 处理方法

葡萄无核化与膨果处理一般选择浸蘸的处理方式，将花序或果穗浸蘸药剂3~5秒，也可以用超雾化高精密喷头喷施处理。浸蘸与喷施这两种方式的处理效果没有明显的差异，喷施处理更加便利，可以提高工效。无核化处理后一般不需抖掉多余的药剂，但膨果处理后有时要把多余药剂抖掉，防止果实日灼。一般在晴天的傍晚或早晨处理，避免高温强光，阴天可全天处理，避免刚处理后被雨水冲刷，使处理失败。

④ 处理次数

有核葡萄的无核化一般分2次处理，第1次处理主要使果实无核化，第2次处理主要使无核果实膨大。单进行无核化处理则果实偏小，单进行膨果处理则果实没有显著的膨大效应。膨果栽培因葡萄品种以及栽培条件的不同，进行1次或2次处理。

⑤ 处理浓度

植物生长调节剂具有较高的活性，使用浓度尤为重要。使用浓度低，达不到生产所需效果；使用浓度高、次数多，则易对葡萄造成损害。不同葡萄品种在不同发育阶段，植物生长调节剂的作用不同，施用浓度也不同。所以要将植物生长调节物质的使用浓度控制在一定范围内。

（5）植物生长调节剂使用的注意事项

① 赤霉素

药液要当天配当天用，并在避光阴凉处存放；不能与波尔多液等碱性溶液混合使用，也不能在无核处理前7天至处理后2天使用碱性农药。赤霉素的重复或高浓度处理会使穗轴硬化弯曲及果粒膨大不足。但浓度不足将导致无核率降低且果实成熟后易落粒。浸渍药液后必须晃落花果穗上的多余药液。气温超过30℃或低于10℃，不利于药液吸收，同时提高空气湿度利于药液吸收，因此最好在晴天的早晨和傍晚进行。

② 氯吡脲

当日配当天用，过期效果降低。持续异常高温、干燥和多雨等气候条件禁用。处理后天气骤变（降雨和异常干燥等）会影响氯吡脲的吸收，如需再进行补充处理时，应先咨询有关部门或专家。使用时期和使用浓度出错，有可能导致有核果粒增加，果面障害（果点木栓化）、上色迟缓、色调暗等现象，要严格使用时期和浓度。使用氯吡脲后会诱发坐果率过高，导致裂果、上色迟缓和着色不良、糖分积累不足、果梗硬化和脱粒等副作用，要在开花前疏穗、坐果后疏粒，调整好负载量。避免和赤霉素以外的植物生长调节剂混用，与赤霉素混用时也要留意赤霉素使用注意事项，正确混配。植物生长调节剂的使用受环境影响很大，使用前首先试验，试验成功后方可大面积推广应用。

6. 果园常用机械

果园常用机械

机械种类	机械名称	备注
动力机械	拖拉机	大棚王、园艺拖拉机等适宜果园的中小型拖拉机

续 表

机械种类	机械名称	备 注
开沟施肥机械	开沟施肥机	有机肥施肥机、开沟施肥回填一体机、螺旋开沟施肥机、开沟机、回土机等
除草机械	除草机	乘坐式 自走式 背负式
植保机械	自走式喷雾机	喷杆式 风送弥雾式

续 表

机械种类	机械名称	备注
田间管理机械	枝条粉碎机	葡萄枝条、藤蔓粉碎
收获运输机械	自动升降平台	实现在行走过程中进行修剪、整枝和果实采摘等作业
	自卸式运输车	三轮或四轮，电动或油动

主要参考文献

[1] 单涛,龚雪花,袁月,等.上海地区阳光玫瑰葡萄促早栽培中的花果管理技术[J].中外葡萄与葡萄酒,2018(3):61-63.

[2] 段长青,李莉.葡萄标准园生产技术[M].北京:中国农业出版社,2015.

[3] 冯晓静,李新领,李建平,等.适于机械化作业的葡萄园建园技术规程[J].落叶果树,2021,53(5):69-70.

[4] 冯晓静,袁野,李建平,等.葡萄冬季修剪枝条处理技术及设备研究现状[J].中外葡萄与葡萄酒,2022(1):71-75.

[5] 和雅妮,奚晓军,查倩,等.栽培技术调控对葡萄果实品质影响的研究进展[J].上海农业学报,2018,34(6):112-116.

[6] 孔莉,史艳姝,辛跳儿,等.上海地区葡萄结束自然休眠时间的时空分布分析[J].上海农业学报,2021,37(4):91-95.

[7] 李增源,王绍雷,姬廷廷,等.设施葡萄智能化水肥管理体系研究[J].中国土壤与肥料,2022(1):73-80.

[8] 王海波,王孝娣,史祥宾,等.葡萄园小型、实用、新型机械介绍[J].落叶果树,2017,49(6):45-48.

[9] 王浩,杜远鹏,高振.葡萄日灼病发生机理研究进展[J].中外葡萄与葡萄酒,2021(6):84-89.

[10] 王剑功,褚伟雄,吴剑.葡萄电商运输工艺关键技术研究[J].食品科技,2020,45(1):62-68.

[11] 王静芝,单传伦,王素青.上海市葡萄安全生产关键因素分析与技术对策[J].中外葡萄与葡萄酒,2015(5):32-34.

[12] 王世平,许文平,张才喜,等.南方葡萄安全生产技术指南[M].北京:中国农业出版社,2012.

[13] 王素青,单文龙,龚雪花,等.上海葡萄产业现状及转型升级的必要性[J].中外葡萄与葡萄酒,2015(4):58-59.

[14] 王西成,王壮伟,吴伟民,等.植物生长调节剂对葡萄果实品质影响的研究进展[J].中外葡萄与葡萄酒,2018(4):103-107.

[15] 王忠跃.葡萄健康栽培与病虫害防控[M].北京:中国农业科学技术出版社,2017.

[16] 吴云,逯连静.水肥一体化技术在葡萄种植中的推广应用[J].上海蔬菜,2020(6):60-61.

[17] 奚晓军,蒋爱丽,田益华,等.上海地区设施葡萄的需冷量及需热量研究[J].上海农业学报,2015,31(1):23-26.

[18] 夏琼,刘璐璐,郑洁.春季低温对上海促成栽培葡萄造成冻害情况调查与分析[J].上海农业科技,2017(1):52-53.

[19] 杨佳玲,赵慧宇.葡萄全产业链质量安全风险管控手册[M].北京:中国农业出版社,2018.

[20] 张首伟,张剑侠.葡萄无核化与膨果处理研究进展[J].中国果树,2022(5):8-14.

[21] 赵海良.上海郊区葡萄园土肥水管理要点[J].上海农业科技,2021(6):75-76.

[22] 赵海良.上海设施栽培葡萄春夏季生产管理技术要点[J].烟台果树,2021(4):27-28.

[23] 郑婷,吴江,刘凡启,等.葡萄种植架式及其应用[J].中外葡萄与葡萄酒,2021(2):40-45.

[24] 上海市市场监督管理局.DB31/T 645-2012上海果品等级 葡萄[S].北京:中国标准出版社,2012.

[25] 中华人民共和国国家卫生健康委员会,中华人民共和国农业农村部,国家市场监督管理总局.GB 2763-2019食品安全国家标准 食品中农药最大残留限量[S].北京:中国标准出版社,2019.

[26] 中华人民共和国农业农村部.NY/T 391-2021绿色食品 产地环境质量[S].北京:中国标准出版社,2021.

[27] 中华人民共和国农业农村部.NY/T 3413-2019葡萄病虫害防治技术规程[S].北京:中国标准出版社,2019.

[28] 中华人民共和国农业农村部.NY/T 3628-2020设施葡萄栽培技术规程[S].北京:中国标准出版社,2020.

[29] 中华人民共和国农业农村部.NY/T 393-2020绿色食品 农药使用准则[S].北京:中国标准出版社,2020.